ALISTAIR MacLEAN

TOBENDES MEER

Deutsche Erstausgabe

WILHELM HEYNE VERLAG

MÜNCHEN

HEYNE ALLGEMEINE REIHE
Nr. 01/7690

2. Teil der unter dem Titel
THE LONELY SEA
erschienenen Ausgabe der Erzählungen
Deutsche Übersetzung von Sepp Leeb

2. Auflage

ISBN 3-453-02549-0

Inhalt

Die *Lancastria*

Die Familie Tillyer hatte einen weiten, weiten Weg hinter sich. Nicht unbedingt in Kilometern gemessen, da ein durchschnittlicher Wagen die Entfernung zwischen seinem Arbeitsplatz bei Fairey Aviation in Belgien, wo Clifford Tillyer als Techniker gearbeitet hatte, bis zu der Hafenstadt St. Nazaire ohne weiteres in einem Tag hätte zurücklegen können. Aber die Tillyers waren nicht in Friedenszeiten und nicht in einer bequemen Limousine durch die weiten Ebenen Nordfrankreichs gereist, sondern sie waren in den Kriegswirren eines Landes aufgebrochen, das eben erst kapituliert hatte und in dem die Demoralisierung der Bevölkerung ebenso vollständig war wie die Tatsache der endgültigen Niederlage. Infolgedessen dienten den Tillyers als Transportmittel auch überfüllte, oft ohne festes Ziel losfahrende Flüchtlingszüge, die häufig kaum mehr als ein paar Kilometer pro Tag vorankamen, oder die Ladeflächen von Lastwagen, welche sich auf den von Flüchtlingen verstopften Straßen mühsam nach Süden vorkämpften.

Die Reise hatte einen langen, entbehrungsreichen Monat lang gedauert, aber schließlich hatten sie doch ihr Ziel erreicht. Und als Clifford Tillyer mit seiner Frau Vera und seiner zweijährigen Tochter Jacqueline seine Blicke über die Reede von St. Nazaire gleiten ließ, wo sich die alliierten Schiffe, angefangen vom kleinen Minensuchboot bis zum riesigen Ozeandampfer, drängten, um sie und unzählige andere Flüchtlinge an Bord zu nehmen und in die englische Heimat zurückzuführen, waren die Strapazen der vergangenen Wochen schlagartig vergessen. Die Angst, der Hunger und die schlaflosen Nächte hatten nun endgültig ein Ende gefunden. Vor ihnen lagen nur noch die Hoffnung, die Freiheit und die Heimat.

Und nicht anders erging es Zehntausenden von anderen, keine Zivilpersonen allerdings, sondern die letzten Regimenter des britischen Expeditionscorps in Frankreich. Der größte Teil dieses Truppenkontingents war bereits vom Kontinent evakuiert worden. Das Wunder von Dünkirchen lag erst vierzehn Tage zurück, und eine Drittelmillion der Männer von diesem Küstenstreifen befand sich nun in England in Sicherheit. Cherbourg, St. Malo und Brest waren vollständig evakuiert worden – eine fantastische Leistung; 85 000 Mann waren im letzten Augenblick dem Zugriff der anrückenden Panzerdivisionen entrissen worden, ohne daß der Verlust eines einzigen Menschenlebens oder Schiffes zu beklagen gewesen wäre. Und inzwischen waren diese Männer, welche an den Ufern der Loire auf ihren Rücktransport in die Heimat warteten, fast die letzten, die noch in Frankreich zurückgeblieben waren. Männer wie Corporal John Broadbent, der fast sechs Wochen gebraucht hatte, um seinen Vorgesetzten von Reims zu dem Evakuierungshafen zu fahren, und dessen in allen Zeitungen der Welt abgebildetes Gesicht Millionen Menschen ein Begriff war – oder wie Sergeant George Young von der RASC, der gegen sein nagelneues französisches Fahrrad gelehnt abgebildet wurde, mit dem er halb Frankreich durchquert hatte, und dessen Erlebnisse während der nun folgenden drei Tage sich wie die unglaublichsten Abenteuergeschichten anhören.

Aber sowohl für Sergeant Young wie auch für Corporal Broadbent gehörten die Ereignisse der letzten Tage und Wochen wie im Fall der Tillyers der Vergangenheit an. Im Augenblick zählte nur noch die unmittelbare Gegenwart, in der sie aufgeregt dem Moment entgegenharrten, in dem sie an die Reihe kommen würden, um von einem der Dutzende winzigen Fischer- und Minensuchbooten zu den großen Schiffen hinausgebracht zu werden, die etwas weiter draußen vor Anker lagen. Das war das einzige, was jetzt zählte. Man hatte ihnen bereits den Namen des Schiffes genannt, das sie in die Heimat bringen würde; und sie konnten es auch schon deutlich sehen. Es war die *Lancastria*. Selbst aus einer Entfernung von etwa fünf Kilometern sah sie riesengroß und massiv und solide und sicher aus – sobald sie nur an Bord des Schiffes waren, sagten sie sich, brauchten sie sich keine Sorgen mehr zu machen.

Die *Lancastria*, ein 16 243-Tonnen-Dampfer der Cunard White Star-Linie, pendelte gemächlich auf der Quiberon-Reede zwischen ihren beiden Bugankern hin und her, während um sie herum den ganzen Vormittag und Frühnachmittag des 17. Juni 1940 ein ständiges Kommen und Gehen Dutzender kleiner

Boote herrschte. Die Zahl der Soldaten und Zivilisten an Bord wuchs beständig an – eintausend, zweitausend, dreitausend, viertausend. Und immer noch brachten die Boote weitere Passagiere an. Die Decks hallten wider vom disziplinierten Dröhnen Hunderter marschierender Füße, welche sich in die ihnen an Bord zugewiesenen Quartiere begaben.

Kapitän R. Sharp, der dies von der Brücke der *Lancastria* aus beobachtete, konnte es kaum erwarten, bis endlich alle Passagiere an Bord waren und sein Schiff in See stechen konnte. Angesichts der Tatsache, daß noch keiner der beiden Anker eingezogen war, daß er weder den nötigen Platz noch die Möglichkeit gehabt hätte, den großen Passagierdampfer in irgendeiner Weise zu manövrieren, daß er ständig von kleinen Booten eingekreist war, die immer wieder neue Scharen von Flüchtlingen an Bord brachten, wurde ihm die Ausweglosigkeit seiner Lage nur zu sehr bewußt, falls es gelten sollte, einem Angriff von seiten der deutschen Luftwaffe oder eines U-Boots zu begegnen.

Von den U-Booten hatte er vermutlich nicht allzuviel zu befürchten, da ständig ein kleiner Verband von Zerstörern in der Loiremündung patrouillierte. Aber ein Luftangriff war schon etwas anderes. Erst am Tag zuvor war die *Franconia* aus der Luft angegriffen und versenkt worden, und Captain Sharp befürchtete, daß dies erst ein Vorgeschmack dessen war, was sie noch erwartete. Und jetzt begannen die schweren Bomber der Luftwaffe

schon wieder, vereinzelte Angriffe auf die Passagier-
schiffe in der Loiremündung zu fliegen.

Doch wie sehr Captain Sharp auch von bösen Vorahnungen hinsichtlich des Schicksals seines Schiffs
befallen sein mochte, so hätte er sich doch nie aus-
malen können, daß der Name *Lancastria*, welcher bis
dahin nur relativ wenigen Personen geläufig war,
binnen weniger Tage weltweit zum Symbol des
größten Seeunglücks in der britischen Geschichte
werden sollte – einer Tragödie, welche selbst das
Schicksal von Schiffen wie der *Titanic*, der *Lusitania*
oder der *Athenia* in den Schatten stellte.

Halb vier Uhr nachmittags. Die Sirenen kündigten
einen Luftangriff an; gleichzeitig eröffneten die Flug-
abwehrgeschütze ihr Feuer gegen die schweren
Bomber der Luftwaffe, die gemächlich über der
Reede von Quiberon kreisten, während gerade noch
die letzten Passagiere an Bord der *Lancastria* gebracht
wurden, so daß sich die Gesamtzahl der Passagiere
inzwischen auf fast sechstausend Männer, Frauen
und Kinder belief.

Unter diesen sechstausend waren auch die Tillyers, Corporal Broadbent und Sergeant Young.

Mrs. Tillyer hatte die kleine Jacqueline bereits ge-
badet und wieder angezogen, um sich danach mit ihrem Mann und ihrer Tochter in den Speisesaal zu begeben. Am deutlichsten ist Mrs. Tillyer in diesem
Zusammenhang im Gedächtnis haften geblieben,
mit welcher Zuvorkommenheit und Disziplin sie
von allen Seiten behandelt wurde. Die weißlivrierten
Stewards gingen ihren Aufgaben mit einer uner-

schütterlichen Ruhe nach, als existierten für sie die Sirenen und das Krachen der Flugabwehrkanonen gar nicht; und ein Matrose befestigte mit lächelnder und nicht im geringsten hektischer Sorgfalt die Halterung von Jacquelines Schwimmweste, damit sie ihr nicht mehr länger über ihre schmalen Schultern glitt.

Sergeant Young war fast gleichzeitig mit den Tillyers an Bord gekommen; er hatte immer noch sein Fahrrad bei sich. Der ehemalige Sergeant Young, heute wohnhaft in der Wickersley Road in London, gibt in einem Musterbeispiel für Untertreibung zumindest so viel zu, daß es die Besatzung des überladenen Dampfers nicht gerade gern sah, daß er sein Fahrrad mit an Bord brachte. Aber er setzte sich einfach über Flüche und Drohungen hinweg und stellte seinen Drahtesel an einem, wie ihm schien, relativ sicheren Platz ab, um sich dann zum Rasieren nach unten zu begeben, obwohl er erst wenige Sekunden vorher beobachtet hatte, daß die Brücke des ganz in der Nähe vor Anker liegenden Dampfers *Oransay* von einer Bombe getroffen worden war. Bomben waren natürlich alles andere als beruhigend, meint Mr. Young dazu heute, aber er hatte nun mal dringend eine Rasur nötig.

Mit Halbheiten wie einer simplen Rasur gab sich dagegen Corporal John Broadbent nicht zufrieden. Broadbent, heute ein Londoner Taxifahrer, wohnhaft in der Newport Street, erinnert sich, daß er in diesem Augenblick von bösen Vorahnungen geplagt wurde, dies jedoch nicht etwa wegen der fallenden Bomben oder aufgrund der Tatsache, daß er splitter-

nackt und eben im Begriff war, in eine heiße Badewanne zu steigen, sondern eher aufgrund des Um-
stands, daß auf der Tür des Badezimmers ›Nur für
Offiziere‹ stand.

Kurz nach halb vier wurde die *Lancastria* von drei
Lufttorpedos getroffen. Einer schlug auf dem Vorschiff und einer auf dem Achterdeck ein; aber es
sollte der dritte sein, welcher den größten Schaden
anrichtete und die Ursache für die daraus resultie-
renden erheblichen Verluste an Menschenleben
war.

Dieser Lufttorpedo fiel infolge eines irrwitzigen
Zufalls genau in den einzigen Schornstein der *Lancastria* und explodierte unter erstaunlich geringer
Lärmentwicklung, aber dafür mit um so verheeren-
derer Gewalt in der Enge des Maschinenraums, der
ringsum von den unter der Wasseroberfläche liegenden Kabinen umgeben war, von denen viele mit Soldaten vollgestopft waren, für die man auf Deck keinen Platz mehr gefunden hatte.

Der Maschinenraum wurde vollständig zerstört.
Die Treibstofftanks und -leitungen wurden zerfetzt
und Tausende Liter Öl flossen aus, so daß die See im
Umkreis des Schiffs binnen kürzester Zeit von einem
dicken Ölteppich überzogen war. Weit schrecklicher
war jedoch das Schicksal der Männer in den Unter-
wasserkabinen. Fast fünfhundert von ihnen, in der
Hauptsache RAF-Personal, wurden durch das riesige, zerklüftete Loch, welches die Explosion in die
dünnen, ungepanzerten Bordwände des Dampfers
gerissen hatte, nach draußen geschleudert. Viele

von ihnen waren zu diesem Zeitpunkt bereits tot, infolge der gewaltigen Druckwelle des detonierenden Sprengkopfs oder aufgrund der niederstürzenden Deckenplatten oder der blindlings zwischen den auf engstem Raum zusammengepferchten Männern auseinanderspritzenden Granatsplittern. Und viele von den wenigen, die noch am Leben waren, als sie durch das klaffende Loch in der Bordwand geschleudert wurden, überlebten nur, um unter Husten und Würgen in dem Öl zu ersticken, das sich tonnenweise aus den zerfetzten Treibstofftanks und -leitungen ins Meer ergoß.

Die *Lancastria* hatte bereits starke Schlagseite und begann langsam zu sinken. Selbst den Unerfahrensten an Bord – und die meisten waren nie zur See gefahren – wurde sehr schnell klar, daß die Lancastria nicht mehr lange zu leben hatte.

Hunderte waren unter Deck eingeschlossen. In einigen Fällen waren wasserdichte Türen einfach verriegelt oder, wie viele andere Türen auch, durch die Explosion so verzogen, daß sie klemmten und sich nicht mehr öffnen ließen. Andere waren, nicht weniger wirkungsvoll, durch die dichtgedrängten Menschenmassen eingeschlossen, welche sich die Aufgänge und Leitern hochzwängten, die auf das Deck führten. Jedenfalls bestand für die letzten in diesen Schlangen kaum noch Hoffnung. Ein Teil von ihnen suchte durch Bullaugen oder Ladeluken in den Bordwänden des Schiffes zu entkommen. Father Charles McMenemy, der ehemalige Gefängniskaplan von Wormwood Scrubs, führte eine Gruppe solcher eingeschlossener Männer zu einer Ladeluke, die sich etwa zwei Meter über der Wasseroberfläche befand. Er gab seine Schwimmweste einem Oberfeldwebel, der nicht schwimmen konnte, und sprang dann als letzter von allen ins Wasser. Wenn jemand verdient hatte, die Katastrophe zu überleben, dann Father MacMenemy – und er sollte auch überleben.

Die Tillyers, Corporal Broadbent und Sergeant Young gehörten zu den Glücklichen, welche sicher das Oberdeck erreichten. Broadbent und Young mußten sich in die langen Schlangen von Soldaten einreihen, die sich langsam die Stahlstufen der Aufgänge zu den Decks hochzwängten, wo sie eine trügerische Sicherheit zu finden glaubten.

Dagegen hatte es Mrs. Tillyer wesentlich einfacher. Kaum hatte sie mit der kleinen Jacqueline im Arm den Speisesaal verlassen, als auch schon aus mehreren Dutzend Kehlen gleichzeitig der Ruf ertönte: »Platz für ein Baby!« Und dem kleinen Mädchen mit seiner Mutter wurde auch Platz gemacht. Jeder Mann drückte sich mit dem Rücken gegen die Wand, um Platz für Mrs. Tillyer zu schaffen, obwohl sie genau wußten, daß das Schiff unter ihren Füßen versank. Und diese Behandlung wurde jeder Frau und jedem Kind an Bord der *Lancastria* zuteil, wobei wohl nie ermittelt werden wird, wie viele Männer ihr Leben verloren, weil sie, indem sie zurücktraten, um anderen Platz zu machen, jene paar kostbaren Sekunden opferten, die über Leben und Tod entschieden.

Wenn sie sich an diese dramatischen Stunden zurückerinnerten, sind den Tillyers, Broadbent und Young vornehmlich drei wichtige Punkte im Gedächtnis haftengeblieben. Der erste davon waren die außergewöhnliche Ruhe und Zuvorkommenheit sowie die selbstlose Tapferkeit der Soldaten und der Besatzung. Natürlich kamen das unvermeidliche Durcheinander und die entsprechende Hektik auf – wie hätte dem auch anders sein sollen; aber vom Ausbruch einer Panik konnte nicht die geringste Rede sein.

Dieser Eindruck, wie tief er sich auch in das Gedächtnis der Beteiligten eingegraben haben mochte, blieb dennoch nur ein flüchtiger. Sich diesem Phänomen näher zu widmen war gar nicht die Zeit. Die Luft war erfüllt vom Knattern der Flugabwehrkanonen, welche aus allen Ecken und Winkeln der Reede feuerten, und die Sicht war durch die allgegenwärtigen Rauchschwaden erheblich behindert. In der Luft kreisten noch immer die Bomber der Luftwaffe, und einige von ihnen nahmen die mehr und mehr sich zur Seite neigenden Decks der *Lancastria* aus ihren Bordmaschinengewehren unter gnadenlosen Beschuß, so daß ihre Salven die dichten Schlangen der für einen Platz in den Rettungsbooten Anstehenden erbarmungslos dezimierten.

Als erste wurden Frauen und Kinder in die Rettungsboote gebracht. Clifford Tillyer erhaschte gerade noch einen letzten Blick auf seine Frau und seine Tochter, deren Boot eben zu Wasser gelassen wurde, um dann wieder seinen Platz in der Schlange der Wartenden einzunehmen. Doch im nächsten

Augenblick wurde er unvermutet von den Soldaten eines Panzerregiments gepackt und zu seiner Frau und seiner Tochter in das Rettungsboot gehoben. »Steigen Sie schon ein, Mister«, redeten sie ihm gut zu. »Sie müssen sich schließlich um Ihre Kleine kümmern.«

Doch das Rettungsboot gewährte nur eine ebenso kurzfristige wie trügerische Sicherheit. Es war noch nicht einmal ganz auf das von einem dicken Ölfilm überzogene Wasser hinabgelassen worden, als es bereits zu kentern begann. Die Tillyers zögerten nicht lange. Sie sprangen unverzüglich über Bord und schwammen von dem sinkenden Schiff weg. Dabei hielt Mr. Tillyer Jacquelines Kopf, so gut es ging, über die Ölschicht auf dem Wasser.

Für Sergeant Young und Corporal Broadbent waren keine Rettungsboote mehr da. Alle, die noch einsatzfähig waren, waren längst zu Wasser gelassen worden, wobei schon viele davon bereits wieder gekentert waren.

Und nun sollte Sergeant Young zum erstenmal seit Wochen nicht mehr an sein Fahrrad denken. Von seiner unvollständigen Rasur noch immer Rasierschaum im Gesicht, sprang er schnurstracks über Bord und in das Gewimmel von Schiffstrümmern und Hunderten von Schiffbrüchigen im Wasser, unter denen sich zahlreiche Nichtschwimmer befanden, welche, ohne Schwimmweste oder eine Planke, an die sie sich hätten klammern können, verzweifelt um sich schlugen. Young wußte sehr genau, was mit Leuten geschah, die sich in zu großer Nähe eines sinkenden Schiffs aufhielten – und die *Lancastria* sank vor seinen Augen Meter um Meter tiefer unter die Wasseroberfläche. Er schwamm also mit aller Kraft von dem untergehenden Schiff fort, um dem tödlichen Sog zu entgehen, der alles in einem bestimmten Umkreis des Dampfers gnadenlos mit sich in die Tiefe ziehen würde, sobald die *Lancastria* endgültig in den Fluten verschwand.

Corporal Broadbent befand sich noch genau in dem Zustand, in dem er sich angeschickt hatte, in die Badewanne zu steigen – er war splitternackt. (Und er sollte es drei Tage lang bleiben.) Allerdings beunruhigte ihn zu diesem Zeitpunkt seinen eigenen Aussagen zufolge nichts weniger als sein unbekleideter Zustand. Während das Deck unter seinen bloßen Füßen sich immer bedrohlicher neigte, verabschiedete er sich mit einem feierlichen Händedruck von seinem Freund Sid Keenan, der übrigens gerade in der Badewanne gesessen hatte, als die *Lancastria* getroffen wurde, und sprang ins Meer.

Und nun kam der Moment, welcher als zweiter entscheidender Eindruck von der Katastrophe im Gedächtnis der beiden Soldaten und der Tillyers haftengeblieben war – und nicht weniger dürfte dies wohl auch für die Tausende von Menschen gelten, welche ebenfalls Zeugen dieses Geschehnisses wurden. Als sich die gewaltigen Schiffsschrauben der *Lancastria* schließlich aus dem Wasser hoben, drehte sich das Schiff langsam, aber unerbittlich kieloben, bevor es endgültig sank. Hunderte von Soldaten – die meisten von ihnen konnten vermutlich nicht schwimmen – klammerten sich währenddessen wie die Ameisen an dem mächtigen Schiffsrumpf fest. Von nirgendwoher waren irgendwelche Schreie der Angst oder Verzweiflung zu hören. Statt dessen sangen die Soldaten, und sie sangen in perfekter Harmonie Lieder wie ›Roll out the barrel‹ und ›There'll always be an England‹. Und ihre Stimmen verstummten erst, als die Wellen über ihnen zusammenschlugen. Angesichts dieses Umstandes nimmt es vielleicht nicht wunder, daß viele der überlebenden Soldaten es nie wieder über sich bringen sollten, noch einmal ›Roll out the barrel‹ zu singen, das in den ersten Kriegsjahren die inoffizielle Hymne der Armee war.

Corporal Broadbent gehörte zu denjenigen, welche dem Schiff noch sehr nahe waren, als es unterging. Und seinem Gedächtnis hat sich ein Eindruck eingeprägt, den er wohl, wie er selbst meint, sein ganzes Leben nicht wieder vergessen wird – dieses Gesicht hinter dem Bullauge. Als sich die *Lancastria* kieloben legte, konnte Broadbent einen Mann sehen, der in seiner Kabine eingeschlossen war und verzweifelt versuchte, das dicke Glas des Bullauges zu zertrümmern – allerdings vergeblich. Broadbent erhaschte noch einen kurzen Blick auf das von Panik befallene Gesicht, bevor das Bullauge unter der ölgeschwärzten Meeresoberfläche verschwand.

Doch das Schlimmste von allem sollte erst noch kommen – Feuer. Nicht, daß an Bord der *Lancastria* ein Brand ausgebrochen wäre – dem wäre leicht zu entkommen gewesen. Nein, die See selbst stand mit einem Mal in Flammen, und davor gab es für viele kein Entkommen mehr. Und dieses Feuer war auch nicht zufällig ausgebrochen; vielmehr handelte es sich dabei um das Ergebnis kaltblütiger und erbarmungsloser Grausamkeit, für die keine Entschuldigung gelten kann. Nachdem sie schon mit ihren Maschinengewehren unzählige Menschen im Wasser getötet hatten – die zwanzig Insassen eines Rettungsfloßes zum Beispiel wurden durch gezielten und anhaltenden Maschinengewehrbeschuß bis auf den letzten Mann getötet –, warfen die deutschen Bomberpiloten nun auch noch Brandbomben auf die von einem dicken Ölfilm überzogene See ab, so daß diese in Brand geriet.

Brennendes Öl ist der entsetzlichste und grausamste Tod, den man sich nur denken kann. Es ist ein langsamer, schmerzlicher Tod, welcher einem nur die grausame Wahl läßt zwischen dem Ertrinken, um den Flammen zu entkommen, oder dem Verbrennen der Körperteile, welche sich über der Wasseroberfläche befinden, wobei auch in diesem Fall der Tod durch Ersticken eintritt, da nämlich die Flammen den gesamten Sauerstoff auf der Wasseroberfläche verzehren, so daß ein Mensch in der überhitzten Luft keinen Sauerstoff mehr in seine Lungen bekommt. Der Tod durch Ertrinken geht dagegen fast ruhig und schmerzlos vonstatten, und wo keine Hoffnung auf Entkommen mehr besteht, würde sich nur ein Verrückter den entsetzlichen Qualen eines erbarmungslos schmerzhaften Todeskampfs aussetzen, wenn die gnädige Erlösung doch so naheliegt.

Die offizielle Geschichte des Seekrieges stellt es als unerklärlich hin, weshalb so viele Menschen – insgesamt 2823 Personen – ihr Leben lassen mußten, als die *Lancastria* unterging, obwohl die Katastrophe sich bei Tageslicht ereignete und es auf der Reede von zahllosen Schiffen wimmelte, und hier wiederum vor allem von kleinen, gut manövrierfähigen Booten, die rasch am Unglücksort eintrafen; so konnte allein das U-Bootabwehrschiff *Cambridgeshire* knapp tausend Schiffbrüchige retten.

Dieses Verkennen des wahren Sachverhalts scheint schwer verständlich. Es ist im Gegenteil sogar erstaunlich, daß immerhin etwa zweieinhalbtausend Menschen gerettet werden konnten. Die meisten Schiffe auf der Reede waren genügend mit sich selbst beschäftigt, um sich der Angriffe der deutschen Bomber zu erwehren, und diejenigen, welche schließlich doch auf die von einer dicken Ölschicht und unzähligen Schiffstrümmern überzogene Unglücksstelle zuhalten konnten, fanden dort nur noch wenige Überlebende vor, nachdem die *Cambridgeshire* abgezogen war. Hunderte waren an den Folgen der Explosion des Torpedos gestorben, und mindestens ebenso viele waren im Innern des Schiffs eingeschlossen und wurden von diesem mit auf den Meeresboden hinabgezogen. Weitere Hunderte, die sich am Rumpf der *Lancastria* festklammerten, wurden durch den Sog des sinkenden Schiffs in die Tiefe gerissen. Und von den im Wasser Schwimmenden schließlich waren viele ein Opfer der brennenden See geworden, oder sie waren in ihrer verzweifelten

Suche nach Sicherheit so weit von der Unglücksstelle weggeschwommen, daß sie sich bereits außerhalb des von den Rettungsmannschaften nach Überlebenden abgesuchten Bereichs befanden.

Letzteres traf sowohl auf Corporal Broadbent und Sergeant Young wie auf die Familie Tillyer zu.

Fast schon bewußtlos im Wasser treibend, wurde Broadbent von einem kleinen Boot gerettet und von dort an Bord der *John Holt* gebracht, wo er, immer noch splitternackt, von einem Zeitungsmann erkannt und fotografiert wurde. Als er drei Tage später in Plymouth eintraf, trug er noch immer keinen einzigen Fetzen Stoff am Leib, beklagte sich jedoch nur über den Umstand, daß er keine Tasche hätte, um seine Zigaretten einzustecken, die ihm angesichts seiner inzwischen doppelten Berühmtheit von allen Seiten zugesteckt wurden. Denn diesmal diente sein Bild als Symbol der *Lancastria*-Katastrophe und ging durch alle Zeitungen der Welt.

Sergeant Young fand sich schließlich im Wasser an eine orange Kiste geklammert wieder, die noch neun weiteren Schiffbrüchigen eine schwache Stütze bot. Als er dann vier Stunden später von einem französischen Fischerboot gerettet wurde, waren sie nur noch zu dritt. Die restlichen sieben waren, einer nach dem anderen, untergegangen, als sie die Kräfte verließen. Er wurde in ein Ordenskrankenhaus eingeliefert, wo er von Mrs. Joan Rodes gepflegt wurde, welche später unter dem Namen ›Engel von St. Nazaire‹ zu Berühmheit gelangte. Dann wurde er in die Uniform eines französischen Matrosen gesteckt und in ein Militärlazarett verlegt, wo ihm ein deutscher Offizier erklärte, daß er sich als Kriegsgefangener zu betrachten hätte und folglich erschossen würde, falls er wegzulaufen versuchen sollte. Sergeant Young lief nun nicht gerade weg, sondern organisierte mit ein paar anderen Männern einen Rotkreuzwagen, mit dem sie sich zur Küste durchschlugen, wo sie von dem Zerstörer *Punjabi* an Bord genommen wurden.

Die Tillyers verbrachten wahrscheinlich sogar noch längere Zeit im Wasser als Young – verständlicherweise ist ihr Erinnerungsvermögen bezüglich dieses Punktes etwas lückenhaft. Das einzige, dessen sich Mrs. Tillyer noch deutlich entsinnen kann, ist die Tatsache, daß ein Soldat das Stück Holz zur Verfügung stellte, an das er sich vorher selbst geklammert hatte, um alles für die Rettung der kleinen Jacqueline zu tun, und daß sie unablässig rief: »Baby hier!« Sie wiederholte diesen Ruf so häufig und mit solcher Dringlichkeit, daß Jacqueline dachte, das Ganze wäre irgendein Spiel. »Sie rief mir so lange ›Baby hier!‹ zu, bis sie vor Erschöpfung nichts mehr sagen konnte.«

Aber ihre Rufe wurden gehört, und die Rettung kam schließlich in Form eines Rettungsbootes des Zerstörers *Highlander*. Sowohl Mr. Tillyer, heute Abteilungsleiter bei Fairey Aviation in London, als auch seine Frau haben dieses schreckliche Erlebnis schließlich gut überstanden.

Und nicht weniger trifft dies auf die kleine Jacqueline zu, welche damals vor achtzehn Jahren als Zwei-

jährige im ölverseuchten Wasser der Bucht von Quiberon ›Baby hier, Baby hier‹ gerufen hatte; sie hat am
5. Juli dieses Jahres* geheiratet.

* Anm. des Übersetzers: »*Lancastria wurde 1960 im Sunday Express* erst-
mals veröffentlicht.

McCrimmon
und die blauen Mondsteine

Der Wind blies über die Einheimischenviertel hinweg aufs Meer hinaus; das Atmen bereitete keinerlei Beschwerden. Die Nacht, wenn nicht sogar Frieden, hatte sich über die Stadt gebreitet. Jeder anständige Bürger lag um diese späte Stunde zu Hause in seinem Bett und schlief. Doch die Straßen von Alexandria wimmelten von nächtlichem Leben.

Die Szenerie war typisch für den Orient. Tausende von Menschen waren fieberhaft damit beschäftigt, alle nur erdenklichen Gaunereien und Diebereien zu begehen und eine unerschöpfliche Vielfalt von Artikeln, deren Verbreitung nach dem ägyptischen Gesetz verboten war, an den Mann zu bringen. Aber der größte Teil der riesigen Menschenmengen wanderte einfach nur ziel- und absichtslos umher. Die einen gingen dahin, die anderen dorthin; doch wohin auch immer sie sich wandten, strebten sie nur in diese Richtung, weil sie nun eben schon in ihr unterwegs waren.

Aber einer befand sich unter diesen Menschenmassen, der sich zwar mit ihnen bewegte, aber eindeutig nicht dazugehörte. Seine zielstrebigen, eiligen Schritte verrieten sofort den Mann der Tat, dessen Miene jene entschlossene Ruhe widerspiegelte, wie sie nur ein fest umrissenes Ziel zu verleihen vermag; und seine Augen erstrahlten in einem hellen

Glanz, wie er nur unumstößlicher Entschlossenheit oder zu viel Gin entspringt. McCrimmon, Torpedomaat der H. M. S. *Ilara* und stolzer Träger zweier Tapferkeitsauszeichnungen, eines ruhmreichen Namens und eines beachtlichen Rüstzeugs aus moralischen Grundsätzen, eilte einer wichtigen Verabredung entgegen, die keinen Aufschub duldete.

Die H. M. S. *Ilara* war erst an diesem Morgen aus der Ägäis in Alexandria eingetroffen, und zwar ohne ein großes Stück ihres achteren Schornsteins, welchen die *Ilara* den deutschen Gefechtsbatterien auf Milos als Andenken an ihre kleine Auseinandersetzung zurückgelassen hatte. Rücksichtslos auf sein gewohntes Mittagsschläfchen verzichtend, war McCrimmon sofort nach dem Mittagessen an Land gegangen, um einen gewissen Mr. McCrimmon aufzusuchen, einen Cousin dritten oder sogar vierten Grades. Besagter Mr. McCrimmon war Dockarbeiter, oder, genauer ausgedrückt, wurde er dafür bezahlt, daß er dort zu bestimmten, festgesetzten Zeiten anwesend war. Jedenfalls würde er frühestens in zwei Jahren wieder in die Heimat zurückkehren können und war nun aber, wie es schien, erst kürzlich in den Besitz gewisser wertvoller Informationen gelangt, welche er – Blut, wie verdünnt auch immer, ist nun mal dicker als Wasser – nach reiflicher Überlegung und einigen Glas Brandy auch seinem Cousin hatte zukommen lassen. Letzterer hatte dies alles mit gelangweiltem Desinteresse zur Kenntnis genommen, mit dem er jedoch niemanden hinters Licht führen konnte.

Besagte wichtige Information war, in groben Zügen, folgenden Inhalts. Er, Mr.McCrimmon, hatte über eine nicht ganz rechtmäßige, aber dennoch zuverlässige Quelle in Erfahrung gebracht, daß sich ein gewisser alexandrinischer Bürger im Besitz einiger herrlicher Halbedelsteine befand. Mr. McCrimmon war sich in diesem Zusammenhang absolut sicher, daß die Steine keine Familienerbstücke waren und auch sonst nicht auf rechtmäßigem Weg in die Hände ihres gegenwärtigen Besitzers gelangt waren. Aber darauf kam es auch gar nicht an. Was zählte, war dagegen der Umstand, daß ihr Besitzer sich für einen unvorstellbar niedrigen Preis von ihnen zu trennen gewillt war. In der Heimat würden die Steine sicher ein Vielfaches dieser Summe bringen. Würde also sein Cousin, dem er mehr als allen anderen Menschen vertraute und der zudem in Kürze in die Heimat zurückkehren würde, diese Transaktion für ihn durchführen und ihm dann fünfzig Prozent des Reinerlöses zukommen lassen?

Sein Cousin erklärte sich dazu bereit, und dies ist auch der Grund, weshalb wir ihn nun durch die dichtbevölkerten Straßen hetzen sehen, keinen Blick nach links oder rechts verlierend, sämtliche Schuhputzer automatisch auf Armeslänge von sich fernhaltend und nur gelegentlich mit einem unterdrückten Fluch stehenbleibend, um sich die ihm feilgebotenen Kunstwerke von alten und anderen Meistern anzusehen, dann jedoch rasch wieder weiterzueilen.
Seine Verabredung duldete keinen Aufschub, und

er hatte schon in diesem Salon unten an der Börse beim Löschen seines Durstes und beim Pokern mit drei Armeniern und einem Zyprioten kostbare Zeit vertrödelt. McCrimmon hatte bei dieser Partie sehr gut abgeschnitten und säße vermutlich immer noch am Spieltisch, hätte sich nicht ein neugieriger Kiebitz zu der Feststellung veranlaßt gesehen, mit welch künstlerischem Raffinement – er tat seine Bewunderung unverhohlen kund – jede der zweiundfünfzig Kartenrückseiten jeweils etwas anders als die restlichen Karten ausgeführt war. Als daraufhin ein provisorischer Untersuchungsausschuß einberufen wurde, um hinsichtlich der Besitzrechte an den Karten Klarheit zu schaffen, verschwand McCrimmon. Er hatte sich nicht einmal mehr die Zeit genommen, seinen Gewinn einzustreichen – ein Versäumnis, das ihn unwillkürlich mit den Zähnen knirschen ließ, wenn er auf seinem Weg durch die Menschenmassen auf der Saad Zaghoul hin und wieder daran zurückdachte.

Als er nun das andere Ende dieser Hauptstraße der Stadt erreicht hatte, bog er nach links ab und verschwand in einem der üppig ausgestatteten Etablissements – eine Mischung aus Restaurant und Tanzsaal –, wie sie sich um die Ramleh-Station gruppierten. Nachdem er vor dem Portier, den er für einen Konteradmiral hielt, stramm salutiert hatte, durchschritt McCrimmon das stattliche Portal, passierte mit einem energischen Griff nach Uniformmütze und -jacke die Garderobe und sah sich im Foyer um. Es war leer. Der Juwelenhändler war noch nicht eingetroffen.

Nachdem er dem Mann an der Rezeption ein paar wenige instruierende Worte und eine noch geringere Anzahl Piaster hinterlassen hatte, verschwand McCrimmon im Restaurant. Er wählte einen Tisch, von dem aus er ohne übermäßige Belastung seiner Augen den Varietévorführungen folgen konnte, und nahm Platz. Das Reserviert-Schild auf dem Tisch reichte er mit einer großspurigen Geste einem gerade vorbeihuschenden Kellner, um diesem auch noch gleich seine Getränkebestellung mit auf den Weg zu geben. Der Kellner, in der festen Überzeugung, wieder einmal einen incognito reisenden Monarchen im Exil vor sich zu haben, verneigte sich tief und entfernte sich.

Hochnäsig ließ McCrimmon seine Blicke durch das Lokal wandern. Es unterschied sich in nichts von den Dutzenden anderer Restaurants, die er kannte – dieselben Plüschsessel, die mit Vorhängen abgetrennten Nischen, die Messinggeländer, die winzige Tanzfläche, die erschlafften Palmen und das noch mehr ermattete Streichorchester.

Gelangweilt beobachtete er die Bemühungen eines professionellen Tanzpaars, einen altmodischen Walzer aufs Parkett zu legen. Der grell aufgemachte Handzettel auf seinem Tisch wies sie als ein ›Tanzpaar von außergewöhnlicher Begabung und Vollendung‹ aus. McCrimmon ließ sich dadurch in seinem Urteil nicht beeinflussen und vermochte auch weiterhin nicht, sich von ihren Tanzvorführungen aus seiner Langeweile reißen zu lassen.

Eine Stunde verstrich. McCrimmon hatte eben seinen fünften John Collins geleert und wurde zunehmend ungeduldiger, als ihm ein Kellner zuwinkte. Das Orchester spielte gerade ›Carmelita‹, als McCrimmon aufstand und das Lokal durchquerte, wobei die Musik sehr gut mit dem keineswegs unmelodiösen Klimpern harmonierte, welches der Chromaschenbecher und die mit den Initialen des Lokals versehenen Löffel und Gabeln in seiner Jakkentasche von sich gaben.

Nicht ohne zu vergessen, eine runde Scheibe aus irgendeinem minderwertigen Metall in die Hand des entzückten Kellners zu drücken, verschwand McCrimmon im Foyer. Auch jetzt hielt sich dort niemand auf. Aber da ihm der Kellner nun einmal mitgeteilt hatte, daß er erwartet wurde, trat er durch die einzige Tür, welche von der Vorhalle abführte, ohne ins Freie zu gehen.

Schon wieder eine Niete – zumindest in einer Hinsicht. Denn der Waschraum, in dem er nun stand, war zwar leer, während jedoch gleichzeitig sofort eine Reihe blitzender Chromwasserhähne sein professionelles Interesse weckten. Er besann sich seines Onkels, Inhaber eines florierenden Installationsbetriebs in der Broomielaw in Glasgow, und ein Sprichwort von der beim Schopfe zu packenden Gelegenheit vor sich hin murmelnd, holte McCrimmon aus seiner Tasche einen Stilson-Universalschlüssel heraus und stellte eben nach einem fachkundigen Blick auf die Gewindegröße der Wasserhähne die Backen des Schlüssels entsprechend ein, als hinter ihm eine tiefe, zischende Stimme ertönte. »Mister!«

McCrimmon zuckte kaum merklich zusammen, ließ mit einer eleganten Handbewegung den Universalschlüssel wieder in seiner Tasche verschwinden und drehte sich dann gemächlich herum. Gälte allein die Unschuld des Gesichtsausdrucks als Beurteilungskriterium, hätte jeder unvoreingenommene Richter, wenn er McCrimmon in Begleitung eines durchschnittlichen Erzengels gesehen hätte, mit Sicherheit letzteren als einen unverbesserlichen Gewohnheitsverbrecher eingestuft.

Vor McCrimmon stand – oder duckte sich – ein winziges, dunkelhäutiges Individuum in einem nicht mehr ganz weißen Nachthemd und einem knallroten Fez. Die Füße des Männchens waren bloß. In den Augen eines oberflächlichen Betrachters schien er sich mit allem Eifer selbst die Hände zu schütteln, wohingegen McCrimmon dies völlig richtig als eine Geste der Versöhnung deutete. Die Erscheinung ergriff erneut das Wort.

»Mister Creemon?«

McCrimmon, der es für sinnlos hielt, einen ungebildeten Heidenmenschen über die korrekte Aussprache eines legendären Highland-Namens aufzuklären, nickte nur kurz zustimmend. Darauf sagte der Einheimische, ebenfalls kein Mann großer Worte, nichts mehr. Mit einem auffordernden Winken drehte er sich um und glitt durch die Tür des Waschraums ins Foyer und auf die Straße hinaus. Durch diese Aura von Geheimniskrämerei merklich beeindruckt, folgte ihm McCrimmon nach einem letzten bedauernden Blick auf die blitzenden Chromarmaturen; gleichzeitig nahm er sich vor, bei seinem nächsten Besuch hier auf keinen Fall seinen Brotbeutel zu vergessen.

Zufrieden, daß er nicht allein war, huschte der Einheimische lautlos über den Platz. McCrimmon folgte ihm, wie es sich für einen stolzen Verfechter westlicher Zuvilisation gehörte, in mehreren Schritten Abstand. Der barfüßige Mann führte ihn über die Safia Zaghoul den Hügel hinauf, auf der anderen Seite wieder hinunter und in die Altstadt, welche sich unmittelbar östlich an die Docks anschloß.

Je enger, dunkler und bedrohlicher die Straßen wurden und je mehr der allgemeine Gestank zunahm, desto fester spannten sich McCrimmons Finger um den Griff des Universalschlüssels in seiner Tasche. Aber er zögerte nicht. War er schließlich kein McCrimmon? Hatten nicht seine Vorfahren bei Bannockburn und Flodden ehrenhaft ihren Mann gestanden? Hatte nicht in jüngerer Vergangenheit sein Großvater mehr Schmuggelware zwischen den Western Isles hin und her befördert als sonst ein Zeitgenosse? Hatte er nicht mit eigenen Augen gesehen, wie sein Vater mit der für die McCrimmons charakteristischen Todesverachtung die Glasgow Rangers angefeuert hatte, obwohl er inmitten einer soliden Phalanx von Celtic-Fans gestanden hatte? An ruhmreichen Vorbildern fehlte es McCrimmon keineswegs. Außerdem hatte er Mut für zehn Männer. McCrimmon ging weiter.

Plötzlich blieb sein Führer vor einem heruntergekommenen Café stehen; zumindest wirkte es von außen herzlich wenig einladend. Indem er jedoch seinem Führer durch den Schnürevorhang vor der Tür folgte, mußte McCrimmon feststellen, daß die Fassade das Innere des Lokals eindeutig Lügen strafte, da es dort nämlich noch übler aussah. Das Lokal bestand aus einer langen Theke, welche entlang der Rückwand verlief, einem halben Dutzend Tische mit Korbstühlen und ein paar Hockern. In einer Ecke röstete gerade ein wild zerzaustes Individuum über einem offenen Kohlenbecken einen flachen Laib Brot. Dicht neben ihm hockten zwei betagte Herren auf dem Fußboden und nuckelten entschlossen an einer blubbernden Wasserpfeife. Was in der anderen Ecke des Raums, wenn überhaupt, geschah, konnte McCrimmon nicht erkennen, da die Sichtweite wenig mehr als einen Meter betrug.

Sein Führer jedenfalls schien sich hier ganz zu Hause zu fühlen. Er führte McCrimmon auf einen wackligen Tisch neben dem Kohlenbecken zu, worauf er sich setzte und sich in einem Ausbruch plötzlichen Zutrauens als Mohammed Ali vorstellte. Vielleicht sollte in diesem Zusammenhang kurz darauf hingewiesen werden, daß etwa fünfzig Prozent der männlichen Bevölkerung Ägyptens auf den Namen Mohammed Ali hören; die restlichen fünfzig Prozent geben sich als bescheidenere Erdenkinder damit zufrieden, sich entweder Mohammed oder Ali zu nennen.

Nach dieser etwas verspäteten Vorstellung bestellte McCrimmon, der für derlei Feinheiten im gesellschaftlichen Umgang wenig übrig hatte, etwas zu trinken und verlangte dann schroff, Mohammed Ali sollte zur Sache kommen. Daraufhin glitt dessen Hand in eine Falte seines weiten Gewands, um einen kleinen Beutel aus Fensterleder herauszuziehen. Er wog ihn prüfend in seiner Hand, und obwohl er kein Wort sagte, sprachen seine fragenden, bedeutungsvollen Blicke doch Bände.

McCrimmon verlangte die Steine zu sehen. Mohammed Ali lehnte ab. Der Herr aus England würde doch sicher vorher seinen guten Willen demonstrieren, indem er sein Geld zeigte. McCrimmon sah sich durch diesen impertinenten Vorschlag gleich doppelt beleidigt. Nicht nur, daß er als Schotte reinsten Geblüts für einen Engländer gehalten wurde, sondern allem Anschein nach war unter den heidnischen Stämmen des Orients auch noch das Wort eines McCrimmon in Verruf geraten. Jedenfalls tastete der so Geschmähte nach dem Griff seines Universalschlüssels.

Mohammed Ali, für den selbst die primitivsten Anstandsregeln ein Buch mit sieben Siegeln zu sein schienen, ersah diesen Augenblick dazu aus, in der ihm eigenen unaufdringlichen Art mit der Maniküre seiner Hände zu beginnen. Seine Nagelschere nahm allerdings die Form eines dreiundzwanzig Zentimeter langen Wurfmessers mit einer zweischneidigen Klinge an, worauf sich McCrimmon hinsichtlich seines Universalschlüssels doch eines Besseren besann – schließlich durfte man mit diesen ungebildeten und unerzogenen Wilden doch nicht zu streng sein, sondern sollte besser Verständnis für sie aufbringen

– jedenfalls ließ McCrimmon also nachsichtig von seinem ursprünglichen Vorhaben ab und steckte statt dessen seine Hand in seine linke Jackentasche, wo er seine Brieftasche aufbewahrte. Nachdem sie dort ein paar Sekunden verweilt war, kam sie langsam wieder zum Vorschein. Seine Hand war jedoch leer. Seine Miene spiegelte einen höchst sonderbaren Ausdruck wider. Mit einem Wort, seine Brieftasche war weg.

Was nun folgte, hätte jeden angehenden Etymologen in wahre Begeisterungsstürme versetzt. Jedes zweite Wort nicht für den Druck geeignet, verfluchte McCrimmon nun für geschlagene fünf Minuten die Welt im allgemeinen und Alexandria im besonderen, ohne sich auch nur ein einziges Mal zu wiederholen. Sein Publikum hörte ihm mit angehaltenem Atem zu. Schließlich beruhigte er sich mit Hilfe Mohammed Alis tröstender Worte und mehrerer Gläser hausgebrannten Arraks wieder so weit, daß man sich nach etlichen, nach wie vor höchst erbittertem Hin und Her darauf einigen konnte, sich am nächsten Abend in einem Café am diesseitigen Ende der Sherif Pasha noch einmal zu treffen, wobei McCrimmon in diesem Fall die Wahl ihres Treffpunkts ausdrücklich sich selbst vorbehalten hatte. Besagtes Café vereinigte zweierlei Vorteile in sich; zum einen lag es im Ausländerviertel, zum anderen war McCrimmon dort kein Unbekannter. Hätten sie sich, Brieftasche hin oder her, auch an diesem Abend schon dort getroffen, hätte sich die Notwendigkeit einer zweiten Verabredung nie erhoben...

McCrimmon blieb noch eine Weile sitzen. Er trank in etwas gedrückter Stimmung vor sich hin und schickte sich erst zum Gehen an, als Mohammed Ali schließlich keinen Arrak mehr anrücken ließ. In dem Bemühen, ihr Halt zu verleihen, klammerte McCrimmon sich an der schwankenden Bar fest, als er sich zum Gehen wandte; ihm haftete die Aura eines Mannes an, dem das Schicksal nun nichts mehr anhaben konnte. Dies war nach allem, was geschehen war, eine durchaus berechtigte Annahme.

Während McCrimmon sich nun generell in Richtung Ausgang bewegte, fand er die Tür durch ein Quartett versperrt, das keinerlei Anzeichen zeigte, als wäre es gewillt, ihm Platz zu machen. Da McCrimmon inzwischen etwas Schwierigkeiten hatte, seine Augen auf einen bestimmten Gegenstand einzustellen, glotzte er angestrengt auf den nächsten der vier widerspenstigen Burschen am Ausgang; nachdem sein Gedächtnis sich einige Wegstrecken in die Vergangenheit zurückgekämpft hatte, konnte er diesen schließlich als den Zyprioten identifizieren, dem er früher an diesem Abend eine Lektion in der hohen Kunst des Pokerns erteilt hatte. Intuitiv folgerte er daraus nun völlig richtig, wer die anderen drei Herren waren.

Der Schock der Erkenntnis übte einen drastisch ernüchternden Effekt auf McCrimmon aus. Heiser stieß er den Schlachtruf seines Clans aus und trat einen Schritt zurück. Für ein normales menschliches Auge war die Bewegung seiner Hand nur als ein verschwommenes Huschen erkennbar, doch eine Zeitlupenkamera hätte an den Tag gelegt, daß sie in die Tasche seiner Jacke zuckte, wo er seinen Universalschlüssel aufbewahrte. Selbst Wild Bill Hickok in seinen besten Tagen wäre ob solcher Schnelligkeit in sprachloses Staunen verfallen. Doch zu McCrimmons Leidwesen wurde die bewundernswerte Schnelligkeit seiner Reaktion aufs nachhaltigste durch die Fülle kostbaren Bestecks in seiner Tasche gebremst. Mochte dies auch nur eine Verzögerung von einer knappen Sekunde zur Folge haben, so ist es doch eine wissenschaftlich erwiesene Tatsache, daß ein schwerer Hocker, von den starken Armen eines wütenden Armeniers durch die Luft geschnellt, nur die Hälfte der angegebenen Zeit benötigt, um eine Distanz von einem Meter zwanzig zu überwinden.

Zufällig kam gerade eine Patrouille der Militärpolizei vorbei, als McCrimmon den etwas unorthodoxen Ausgang durch das Lattenrostfenster des Cafés wählte. Mochte dies nun zwar eine eigenartige Methode sein, ein Lokal zu verlassen, so war dies für eine abgebrühte Militärpolizeipatrouille noch lange kein hinreichender Grund, den genaueren Ursachen solch ungewöhnlichen Verhaltens nachzugehen. Nachdem sie nur kurz stehengeblieben waren, um McCrimmon von seinem Kragen aus zersplittertem Lattenwerk zu befreien, nahm ihn die Patrouille gleich mit und geleitete seine wankende Gestalt in die Geborgenheit des Hafengeländes.

Sich nur mühsam von dem Spiegel losreißend, in den er während der letzten zehn Minuten mit verzückter Bewunderung gestarrt hatte, rückte McCrimmon seine Mütze im richtigen Winkel zurecht, wie es sich für einen Aktiven seines Kalibers gehörte, schlüpfte in seinen Regenmantel, unterzog seine Bewaffnung einer letzten Überprüfung und machte sich fertig, das Messedeck zu verlassen.

Es war der Abend des folgenden Tages, eines Sonntags. Vormittags hatte McCrimmon mit seinem Cousin einen ausführlichen Kriegsrat abgehalten; dieser machte übrigens an diesem Tag eine beeindruckende Anzahl Überstunden im Geschützturm A. So verärgert der Cousin über McCrimmons unangemeldetes Eindringen anfänglich auch gewesen sein mochte – denn selbst die phlegmatischsten Gemüter lassen sich nun einmal nicht gern aus tiefem und friedlichem Schlummer reißen –, begann er doch recht schnell, wüste Flüche auszustoßen und in unverhohlenem Mitgefühl für McCrimmon mit den Zähnen zu knirschen, je weiter dieser mit der Erzählung seiner Geschichte fortfuhr. Dennoch machte er seinem Cousin keinerlei Vorwürfe – so etwas gibt es unter McCrimmons nicht. Bis zum Abend würde er eine neue Brieftasche voll Geld besorgt haben. Der Verlust, versicherte McCrimmon seinem dankbaren Cousin, ließ sich ohne weiteres durch ein paar zusätzliche Wochenenden Überstunden wiedergutmachen, obwohl er auch nicht mehr der alte war; in letzter Zeit wurde er zusehends von Schlaflosigkeit geplagt.

So mancher Geringere hätte sich unter diesen Umständen und eingedenk der jüngsten Ereignisse strikt geweigert, jemals wieder die Straßen Alexandrias zu betreten, aber wir haben es hier schließlich mit einem McCrimmon zu tun. Eigentlich war er diese Nacht für die Wache eingeteilt, aber er hatte dieses Problem ohne größere Umstände aus der Welt schaffen können, indem er seine Rumration für die nächsten drei Tage einem Tischgenossen vermacht hatte, womit er zwar strikt gegen die Vorschriften verstieß, was aber McCrimmon nicht im geringsten stören sollte.

Nachdem er sich, mit sich und der Welt zufrieden, noch einmal vergewissert hatte, daß seine Brieftasche in einer Innentasche seiner Jacke sicher verstaut war – allerdings wollte er nur im äußersten Notfall auf sie zurückgreifen –, kletterte er entschlossen die Strickleiter zum Oberdeck hinauf. In diesem Zusammenhang sollte vielleicht darauf hingewiesen werden, daß die normalerweise an dieser Stelle angebrachte Stahlleiter am Morgen entfernt worden war, um neue Fußleisten auf die abgetretenen Stufen zu schweißen.

Als er dreißig Minuten später mit dem Boot für die Landurlauber an Land ging, verließ er das Hafengelände, durchquerte das Einheimischenviertel, näherte sich über die mit immensen Steinplatten gepflasterte Rue Soeurs dem Mohammed Ali-Platz, überquerte diesen diagonal und verschwand die Sherif Pasha hinunter.

Bei seiner Ankunft an dem vereinbarten Treffpunkt wechselte er ein paar freundliche Worte mit dem Inhaber, einem alten Bekannten McCrimmons, drückte etwas echte ägyptische Währung in die Hände der beiden hünenhaften jugoslawischen Kellner und nahm in dem durch einen dicken Vorhang vom eigentlichen Lokal abgetrennten Privatgemach Platz. Hier harrte er nun geduldig dem Eintreffen Mohammed Alis entgegen, wobei er hin und wieder in behaglicher Selbstzufriedenheit lächelte und seine Hand automatisch in die Tasche seiner Jacke gleiten ließ, in welcher er den schweren Schraubenschlüssel aufbewahrte.

Zehn Minuten waren verstrichen, als Mohammed Ali schließlich erschien. Er war jedoch nicht allein. Der Mann in seiner Begleitung maß mit seinen bloßen Füßen gute eins achtzig und war so breit gebaut, daß er sich um neunzig Grad neigen mußte, um durch die Tür zu kommen. Sicher kein Mickerling, ließen ihn dennoch die zwei dunkelhäutigen Individuen, welche sich hinter ihm hereindrängten, eher schmächtig erscheinen. Bei der Auswahl seiner Begleiter hatte sich Mohammed Ali eindeutig eine Vernachlässigung jeglicher ästhetischer Gesichtspunkte zuschulden kommen lassen.

Erbittert knirschte McCrimmon mit den Zähnen und erging sich in düsteren Gedanken über das allgemeine Mißtrauen, welches doch jegliche zwischenmenschlichen Beziehungen so nachhaltig vergiftete. Dennoch begrüßte er Mohammed Ali mit einem freundlichen Grinsen und einer Herzlichkeit, welche selbst den skrupellosesten Mordbruder in ehrliche Verlegenheit gestürzt hätte. Doch Mohammed Ali zeigte sich davon ungerührt.

Der Schraubenschlüssel wurde rasch beiseite geschoben und statt dessen aus den verborgeneren Tiefen von McCrimmons Gewandung die Brieftasche hervorgezogen. Mohammed Alis Lippen verzogen sich zu einem kaum merklichen Lächeln, als er nun seinerseits wieder den Lederbeutel herauszog und seinen Inhalt auf den Tisch leerte. Es waren achtzehn Steine, blaue Mondsteine; klein, aber vollkommen gleich.

McCrimmon – vermutlich gab es kaum jemanden auf Erden, der sich mit Edelsteinen weniger auskannte – zückte eine Lupe, welche der Navigationsoffizier achtlos auf dem Kartentisch hatte herumliegen lassen, und machte sich mit dem scharfen Raubvogelblick eines unverkennbaren Experten an die Untersuchung der Steine.

Er ließ sich dabei Zeit. Jedesmal, wenn er hoffnungsvoll einen neuen Stein vom Tisch genommen, sorgfältig geprüft und mit einer geringschätzigen Geste wieder beiseite gelegt hatte, gestattete er seinem Gesicht, sich nach jeder unausgesprochenen Aburteilung ganz dezent von Mal zu Mal noch stärker in Falten der Enttäuschung zu legen. Mohammed Ali wurde zusehends ungehaltener. Doch McCrimmon schenkte ihm keinerlei Beachtung.

Als Mohammed Ali schließlich der Geduldsfaden endgültig gerissen war, räusperte er sich auf die ihm eigene unangenehme Art und Weise und gab den Preis seiner Steine mit achthundert Piastern bekannt. McCrimmon, der anhand der von seinem Cousin genannten Zahlen kurze Berechnungen angestellt hatte, wonach für ihn bei dem Geschäft nur ein Profit von fünfhundert Prozent herausgeschaut hätte, warf gerade wieder einen Mondstein mit noch deutlicherer Geringschätzung auf den Tisch zurück und lachte hohl. Er hatte geraume Zeit damit verbracht, dieses hohle Lachen zu üben und auf den Stand seiner gegenwärtigen Perfektion zu bringen, aber mit Sicherheit war dies keine vergeudete Zeit gewesen, da sich dieses Lachen in der Vergangenheit schon des öfteren als äußerst nützlich erwiesen hatte.

Mohammed Ali ließ sich dadurch jedoch nicht im geringsten beeindrucken. Unter neuerlichem Zähneknirschen bot ihm McCrimmon also fünfhundert Piaster – eine geradezu lächerlich hohe Summe, aber McCrimmon war nun einmal nicht der Mann, um jeden einzelnen Piaster zu feilschen. Nicht minder galt dies jedoch offensichtlich auch für Mohammed Ali, der nur erneut die bereits genannte Summe in den Raum stellte. Und nun sollte das Feilschen erst beginnen. Zuerst einmal riefen beide nach alkoholischer Unterstützung; dies jedoch nicht etwa, wie ein unschuldiges Gemüt vermuten könnte, aus einem Geist gegenseitigen Zuvorkommens heraus, sondern in der brennenden, wenn auch höchst unchristlichen Hoffnung, auf diese Weise vielleicht den Scharfsinn des Gegenspielers etwas trüben zu können.

Als McCrimmon kurze zwei Stunden später das

Café wieder verließ, waren die blauen Mondsteine sein; seine Brieftasche war zwar um fünfhundert Piaster erleichtert worden, aber dennoch war er mit dem Verlauf des Abends zutiefst zufrieden. Zugegebenermaßen war es zu einer etwas unerfreulichen Szene gekommen, als McCrimmon den Vorschlag gemacht hatte, in griechischer Währung zu zahlen und dem eine Umrechnungstabelle aus dem Jahre 1938 zugrunde legte (infolge der anhaltenden Inflation betrug der Wechselkurs 1944 etwa fünf Millionen Drachmen auf den Penny). Doch nach reiflicher Überlegung, unterstützt durch den Anblick eines von Mohammed Alis Leibwächtern, der gerade gedankenversunken ein paar Knoten in ein kleines mitgebrachtes Brecheisen machte, besann McCrimmon sich schließlich doch eines Besseren. Dennoch war er, wie bereits gesagt, sehr zufrieden, um nicht zu sagen, daß McCrimmon sogar eindeutig Grund zum Feiern gegeben sah.

Irgendwann nach Mitternacht gelangte McCrimmon zu der Einsicht, daß er für alle zwanzig Schritte, die er machte, kaum mehr als einen Meter in gerader Richtung vorwärts kam. Daraus nun völlig richtig berechnend, daß er auf diese Weise mehrere Stunden brauchen würde, um die eine Meile zurückzulegen, die ihn noch von den Docks trennte, winkte er eine Gharry heran. Er stieg ein und nahm triumphierend auf dem sich unter seiner Last biegenden Verdeck Platz, um dann den heruntergekommenen Jehu in ironischer Aufmunterung lautstark zur Eile anzutreiben, während dieser ziemlich ergebnislos auf eine Pferdeattrappe aus Haut und Knochen einhieb, die vom Gestänge der Gharry mühsam auf den Beinen gehalten wurde.

In zehn Minuten hatten sie Tor Nummer 14 erreicht. McCrimmon verließ das klapprige Gefährt in einem eleganten Bogen und sank leblos am Straßenrand nieder. Von einem Wachtposten nach halbwegs erfolgreichen Wiederbelebungsversuchen auf die eigenen Beine gestellt, torkelte er zum Kai hinunter, um jedoch nur festzustellen, daß das letzte Boot, um die Landurlauber an Bord ihrer Schiffe zurückzubringen, vor drei Stunden abgefahren war. Also heuerte McCrimmon eine einheimische *felucca* an, und sein mächtiger, leicht verstimmter Bariton ließ nun lautstark den ›Sky Boat Song‹ von den Bordwänden der stummen Schiffe widerhallen, während die zwei Eingeborenen aus dem windstillen inneren Hafen in den äußeren Hafen hinausruderten, wo sie nun das Segel setzten und McCrimmon zu ›Shenandoah‹ überwechselte. Sein quälend umfangreiches Repertoire an Liedern durchgehend, war McCrimmon schließlich bei ›Rule Britannia‹ angelangt, als die *felucca* innerhalb Hörweite des Wachoffiziers der *Ilara* gelangte.

McCrimmon hangelte sich die herabgelassene Strickleiter hoch, während die beiden Einheimischen ihr Boot nach einer Handvoll großzügig verstreuter Trambahnmarken der Glasgower Verkehrsbetriebe durchsuchten. An Deck angelangt, bahnte sich McCrimmon einen Weg aufs Vorschiff und verschwand in einem Flecken Dunkelheit, welche die Backbordmittelschiffsektion der *Ilara* recht passend neugierigen Blicken entzog. Nachdem er dort dann eine Weile herumgetappt hatte, gelang es McCrimmon schließlich, die schweren Stahltüren eines kleinen Abteils zu öffnen, in dem er dann den Beutel mit den Mondsteinen versteckte. Hier waren sie bestens untergebracht. Er schloß die Tür wieder, zog die Klammern noch zusätzlich mit seinem Schraubenschlüssel nach und machte sich auf den Weg zu seiner Koje, wobei er vor Zufriedenheit und Stolz über seinen genialen Einfall gar nicht mehr zu grinsen aufhören konnte. Schließlich war McCrimmons Glaube an seine Mitmenschen noch nie sonderlich ausgeprägt gewesen.

Er passierte die Drahtmaschinengittertür auf dem Vorschiff und navigierte etwas unstet auf die Luke zu, welche zum Messedeck hinunterführte und über der eine Lampe in warnendem Rot brannte, das er jedoch ungenauerweise nur als einen weiteren dieser grellbunten Flecken deutete, die in letzter Zeit sein Gesichtsfeld etwas beeinträchtigt hatten. McCrimmon schwang sein Bein über den Treppenabsatz und machte sich mit dem lässigen Aplomb eines geborenen Seemannes an den Abstieg, um sich jedoch erst mehrere Stunden später, als er in der Krankenstation des Schiffs wieder zu Bewußtsein gelangte, daran zu erinnern, daß die Treppe am Morgen zur Reparatur entfernt worden war.

Am darauffolgenden Tag stach die *Ilara* wieder in See, und McCrimmon sollte sich nach drei Tagen bereits wieder auf dem Weg der Besserung befinden, um jedoch am vierten Tag einen einschneidenden Rückfall zu erleben.

Gegen sieben Uhr morgens am vierten Tag auf See versenkte die *Ilara* einen kleinen deutschen Truppentransporter mit evakuierten Einheiten aus Kreta an Bord. McCrimmon hatte von dem Vorfall gehört, wie ihm auch das flüchtige Geschützfeuer nicht entgangen war. Gegen zehn Uhr rief er einen Sanitäter zu sich und fragte ihn gelangweilt nach den Einzelheiten des Zwischenfalls, um zu erfahren, daß der deutsche Truppentransporter durch Geschützfeuer manövrierunfähig geschossen worden war und dann, nachdem alle Mann von Bord gegangen waren, mit einem Torpedo versenkt worden war.

Soweit es überhaupt möglich ist, daß ein Gesicht von der Farbe gegerbten Sattelleders eher dem blütenreinen Weiß eines frischgewaschenen Kopfkissenbezuges gleicht, sollte das von McCrimmon nun genau dies tun. Erst eine Weile mühsam nach Atem ringend, fragte er den Sanitäter, ob er wüßte, aus welchen Rohren die Torpedos abgefeuert worden wären. Das wußte der Sanitäter und teilte ihm mit, daß dies von den Backbordrohren aus geschehen war. Nun überkam den Sanitäter allerdings leichte Panik, da ihm von seiten absolut zuverlässiger Quellen versichert worden war, daß nur Sterbende sich so am Bezug ihrer Bettdecke festklammerten, wie das sein Patient eben tat.

Unter leisem Stöhnen und unter Aufbietung der letzten spärlichen Überreste des legendären Muts der McCrimmons fragte McCrimmon nun mit brüchiger Stimme, aus welchem Rohr das todbringende Geschoß abgefeuert worden war. »Doch hoffentlich nicht von Rohr X?« »Doch, genau von Rohr X.«

Während nun die ersten Wellen einer Ohnmacht über seine in ihren Grundfesten erschütterte Person hinwegbrandeten, durchlebte McCrimmon noch einmal kurz in schmerzlicher Überdeutlichkeit jene wenigen Momente seines listenreichen Einfallsreichtums, der sich inzwischen freilich als die allergrößte Narretei erwiesen hatte; denn er hatte seine kostbaren Mondsteine genau in Torpedorohr X versteckt. Nachdem noch kurz die flüchtige Erkenntnis durch seinen Kopf geschossen war, daß die ›juwelenbesetzte Ägäis‹ nun nicht mehr länger die leere Phrase war, die sie noch zu Lord Byrons Zeiten gewesen war, verfiel McCrimmon in eine so tiefe Ohnmacht, welche den diensthabenden Sanitäter sofort das gesamte medizinische Personal an Bord der *Ilara* zusammentrommeln ließ.

Unter rein physiologischen Gesichtspunkten betrachtet, sollte sich McCrimmon schließlich wieder vollständig von seinen Verletzungen erholen, wohingegen dieses Ereignis in seiner Seele bleibende Narben hinterlassen hatte. Schlimmer jedoch war, daß der daraus resultierende erbitterte Familienkrieg auch noch den jahrhundertealten Zusammenhalt des McCrimmon-Clan zunichte gemacht hatte. Ich traf McCrimmon erst kürzlich auf Glasgows menschenreicher Argyll Street mit einem leeren Beutel über seiner Schulter – er kehrte gerade von einem Besuch bei seinem Onkel, dem Klempner in der Broomielaw, zurück –, und er versicherte mir im Vorübergehen traurig, daß selbst nach so vielen Jahren sein Cousin immer noch hinter ihm her sei.

Sie säubern die Meere

Es war noch dunkel, als wir ablegten und uns vorsichtig einen Weg durch den Außenhafen bahnten, in welchem Schiffe aller Größenordnungen und Nationalitäten dicht gedrängt, aber in friedlichem Nebeneinander vor Anker lagen. Gnadenlos trommelte der kalte, graue Regen klatschend auf unser Deck und peitschte die düstere Wasseroberfläche weißlich schaumig. Selbst von der Brücke aus reichte die Sicht kaum über den Bug des Boots hinweg, so daß wir uns den Weg auf die offene See hinaus mehr ertasteten, als daß wir ihn sahen; und entsprechend langsam kamen wir dabei auch voran. Wir streiften an der Bordwand eines Schwesterschiffs entlang, und weiter draußen spürten wir unseren Rumpf über ein Ankertau hinwegscheuern, während gleichzeitig mit einem Mal die düsteren Umrisse eines stattlichen Schiffs gefährlich nahe vor uns aus dem Dunkel aufragten. Als wir, der unmittelbaren Nähe der Hafeneinfahrt gewiß und uns in voreiliger trügerischer Sicherheit wiegend, unsere Fahrt beschleunigten, wären wir um ein Haar mit einem großen finnischen Frachter kollidiert, welcher mit der Ebbe quer vor die Hafenzufahrt getrieben worden war; es war das Wort ›SUOMI‹, in zwei Meter hohen Lettern matt weißlich durch das Dunkel schimmernd, das uns schließlich in letzter Sekunde warnen sollte. Laut fluchend riß unser Skipper das Ruder nach Steuerbord herum, so daß wir dem drohenden Unheil gerade noch einmal entgingen und schließlich ohne weitere Zwischenfälle das offene Meer erreichten.

Im Hafen war es noch relativ warm und geschützt gewesen, aber sobald wir auch noch die schützende Landzunge hinter uns zurückgelassen hatten, stellten sich die Dinge gleich in einem etwas anderen Licht dar. In den langgezogenen, schweren Wogen, die vom Atlantik hereinkamen, geriet unser Boot schwer ins Stampfen und tauchte immer wieder in gewaltigen, weißen Gischtwolken unter. Manchmal schwappte ein besonders schwerer Brecher über die Back, um sich in den Ladeschacht zu ergießen, das Deck zu überschwemmen und schließlich über die Speigatten gurgelnd wieder abzufließen. Allzu häufig kam dies jedoch nicht vor. Der Wind war zwar nicht sonderlich stark, besaß aber diese gewisse beißende, alles durchdringende Schärfe, welche einen unwillkürlich den Jackenkragen hochschlagen und sich eilends auf die Leeseite des Oberdecks zurückziehen läßt. Es gibt auf dem Erdball wohl kaum viele Orte, die düsterer und weniger einladend sind als die Westküste Schottlands am frühen Morgen eines Januartages.

Während das Boot sich nun im eisigen Grau der anbrechenden Dämmerung gegen die schweren Brecher seinem Bestimmungsort entgegenkämpfte, unterhielten sich die beiden Offiziere auf der Brücke über die Erfolgsaussichten der bevorstehenden Räumaktion. Beide waren sich einig, daß der Tag trotz aller ihrer Bemühungen wieder einmal so ereignislos wie eh und je verlaufen würde und sie, wie gewohnt, auf keine Minen stoßen würden. Was dagegen das Wetter betraf, waren sie unterschiedlicher Meinung. Während der Erste Offizier die Ansicht vertrat, daß kaum mit einer Wetterbesserung zu rechnen wäre, war der Kapitän der Meinung, daß sich sowohl der Wind legen wie das Wetter insgesamt bessern würde, wenn auch vermutlich erst etwas später am Tag.

Sowohl der Kapitän als auch der Erste Offizier waren nicht mehr die Jüngsten. Letzterer, ein Kapitänleutnant, trug drei Streifen am Ärmel, hatte im Ersten Weltkrieg in den Dardanellen gekämpft und hinkte deutlich – ein Andenken an Zeebrügge. Obwohl er bereits vor zehn Jahren in den Ruhestand getreten war, hatte er doch bei Ausbruch des Zweiten Weltkriegs seine behagliche, wenn nicht sogar luxuriöse Existenz zugunsten des harten und gefahrvollen Lebens an Bord eines Minensuchbootes aufgegeben. Er wollte damit nicht seinem Land einen Gefallen erweisen, sondern erachtete dies einfach als seine Pflicht.

Der Erste Offizier war also, wie bereits gesagt, kein junger Mann mehr. Und der Kapitän war sogar noch einmal zehn Jahre älter. Ein halbes Jahrhundert war vergangen, seit er zum erstenmal zur See gefahren war. Er hatte schon im Ersten Weltkrieg zwischen 1914 und 1918 an Bord eines Minensuchboots Dienst getan, wenn er sich auch in diesem Krieg verständlicherweise schon etwas zu alt für diese aufreibende Aufgabe hielt. Und dann war er eines Tages, mit seinem *Trawler* in der Nordsee unterwegs, von einer Heinkel bombardiert und beschossen worden. Die Bomben hatten ihr Ziel verfehlt, aber dem Maschinengewehrfeuer war ein Besatzungsmitglied zum Opfer gefallen. Und dieser Mann war sein Sohn gewesen. Jedenfalls sollte der Kapitän nun bezüglich der Frage, ob er zu alt sei, seine Meinung grundsätzlich ändern.

Eine Stunde, nachdem wir die Hafeneinfahrt passiert hatten, erreichten wir die Grenze unseres Reviers, wo wir die Fahrt so weit zurücknahmen, daß uns die Wellen nicht mit sich fortrissen. Wir warteten auf das Eintreffen unseres Begleitbootes, das auch zehn Minuten später auftauchte. Schwer gegen die mächtigen Brecher ankämpfend, wurden die verschwommenen Umrisse des zweiten Minensuchboots im Zwielicht des Morgengrauens allmählich deutlicher sichtbar.

Wir ließen achtern ein dünnes Tau ausfahren, worauf das andere Boot seinen Kurs entsprechend änderte, um es aufzunehmen. Daran wurde nun ein Kabel befestigt, das wir wieder an Bord unseres Bootes zogen, um daran dann das Suchkabel anzubringen und das Ganze erneut achtern ausfahren zu lassen. An dieser Trosse wurden nun von zwei Seeleuten in regelmäßigen Abständen eigenartig geformte Gegenstände, in einschlägigen Kreisen als ›Drachen‹ bekannt, angebracht. Die stoischen Mienen der beiden Männer ließen nicht im geringsten erkennen, wie unangenehm diese Aufgabe mit ihren wunden

Händen und den von der Kälte tauben Fingern sein mußte. Jedenfalls dienten diese ›Drachen‹ zur Beschwerung des Suchkabels und hielten es in der erforderlichen Wassertiefe.

Keine Landratte und kein ›Sonntagssegler‹ hätte die schwierige Aufgabe, das Suchkabel auszufahren, bewältigen können; dazu bedurfte es höchsten seemännischen Könnens, da das hierfür erforderliche Zeit- und Koordinationsgefühl zwischen dem Mann am Ruder, den beiden ›Schäklern‹ und vor allem dem Mann an der Winde für einen Laien nicht selten an die Grenzen des Wunderbaren reiche. Ihre Bewegungen und Handreichungen waren so perfekt und reibungslos aufeinander abgestimmt, als wären sie gutgeölte Rädchen im Getriebe einer komplizierten Maschinerie.

Nachdem dieses Manöver zu seiner Zufriedenheit abgeschlossen war, signalisierte unser Erster Offizier mit der Schiffssirene dem anderen Minensuchboot, daß er bereit war, mit dem Suchvorgang zu beginnen. Das andere Boot bestätigte unser Signal, schwenkte leicht herum, und dann konnte es losgehen. Mühsam kämpften wir uns in südlicher Richtung voran. Die See wurde noch rauher, und der Erste Offizier, den Blicken des Skippers sorgsam ausweichend, konnte sich ein zufriedenes Grinsen nicht verkneifen. Es kam beileibe nicht sehr oft vor, daß sich die Wetterprognosen des Skippers als falsch erwiesen, aber diesmal schien er sich tatsächlich gründlich getäuscht zu haben.

Wir lagen nun quer zur See, einen Moment über

einen trägen, schaumgekrönten Wellenkamm gehoben, den nächsten in ein flaches Tal hinuntergleitend
und von Wolken eisiger Gischt überschüttet. An-
stelle des ständigen Stampfens trat nun ein ziemlich
unangenehmes Schlingern, womit wir eindeutig
vom Regen in die Traufe gekommen waren. Und
jetzt sollte sich das Genie – und dieser Ausdruck ist
an dieser Stelle keineswegs übertrieben – des Mannes an der Winde beweisen. Seine Aufgabe bestand
darin, dafür zu sorgen, daß das Suchkabel nicht zu
schlaff, was schon schlimm genug gewesen wäre,
und vor allem nicht zu straff gespannt wurde, was einer Katastrophe gleichgekommen wäre. Seeleute haben nun einmal, im übrigen durchaus zu Recht,
enormen Respekt vor zu stark gespannten Tauen.
Ein reißendes Kabel ist eine tödliche Waffe, deren
Zerstörungswut ungeahnte Ausmaße annehmen
kann. Solch ein gerissenes Kabel kann zum Beispiel
den Kopf eines Mannes wesentlich effektiver abtren-
nen als selbst die schärfste Axt. Nach der teilnahms-
losen Miene und der täuschend gelassenen Ruhe unseres Mannes an der Winde zu schließen, hätte man
allerdings zu der Ansicht gelangen können, daß ihm
eine solche Möglichkeit noch nie in den Sinn gekommen war.

Auf der Brücke brütete der Erste Offizier über einer
bis ins kleinste Detail ausgearbeiteten Admiralitäts-
karte, welche vor ihm ausgebreitet lag. Auch der
Skipper zog sie, wenn auch mit einem wesentlich geringeren Ausmaß an Konzentration, zu Rate, da er

eigentlich nur einen Blick darauf warf, um seinen Ersten Offizier nicht zu verletzen, auf den er große Stücke hielt. Insgeheim hatte der Skipper für solche Admiralitätskarten und ähnliche derlei Nebensächlichkeiten nur leise Verachtung übrig, da er diesen Kram eines richtigen Seemannes einfach für unwürdig hielt. Er hatte noch nie eine Karte gebraucht; seinen Ansprüchen hatte sein zerfledderter und fleckiger alter Schulatlas noch immer genügt.

Als der Erste Offizier zu der Ansicht gelangte, daß wir das Ende unseres Reviers erreicht hatten, zog er am Sirenenseil, worauf das andere Boot sofort seine Fahrt zurücknahm, während wir weiterhin mit voller Fahrt einen Halbkreis um das fast zum Stillstand gekommene Begleitboot schlugen – ein Manöver, das, wie alles bei der Minensuche, kinderleicht erscheint, während es in Wirklichkeit höchstes seemännisches Können erfordert. Es ließe sich ohne weiteres denken, daß ein nicht sachkundiger Beobachter dieses Manöver so beurteilt hätte, als wären wir einfach durch die Zentrifugalkraft im Kreis bewegt worden, wobei unser Begleitboot als Angelpunkt und das Minensuchkabel als Verbindungsglied fungiert hätte. So perfekt waren die Besatzungen der beiden Minensuchboote aufeinander eingespielt.

In dieser Weise machten wir dann den ganzen Vormittag über weiter, wobei wir uns, mühsam einmal in der einen, dann wieder in der anderen Richtung gegen die Wellen ankämpfend, langsam nach Westen vorarbeiteten. Der Wind hatte inzwischen von Westen nach Nordwesten gedreht und war, wenn auch nicht stärker, so doch noch um einiges kälter geworden. An diesem Punkt begann uns der Mann an der Winde allmählich wirklich leid zu tun, wie er so vollständig dem Toben der Elemente ausgesetzt war. Allerdings trösteten wir uns mit dem Gedanken, daß er aufgrund seiner enormen Leibesfülle wohl besonders widerstandsfähig gegen die Kälte sein mußte, um dann jedoch zu unserer Überraschung hören zu müssen, daß er völlig normal gebaut war und lediglich ganze fünf Mäntel unter seinem Ölzeug und seiner Schwimmweste trug. Möglicherweise handelte es sich dabei jedoch auch nur um ein hämisches Gerücht; jedenfalls sollten wir nie in Erfahrung bringen, wie es um den Wahrheitsgehalt dieser Behauptung bestellt war. Zumindest möge es genügen, hier darauf hinzuweisen, daß seine Einstellung der unfreundlichen Witterung gegenüber von einer geradezu spartanischen Gleichmut geprägt war.

War der Mann an der Winde zweifelsohne das wichtigste Besatzungsmitglied, nahm den zweiten Rang innerhalb dieser Reihenfolge ebenso unwiederbringlich der Koch ein. Mit bewundernswerter Gelenkigkeit, das Ergebnis langen und harten Übens, balancierte er in regelmäßigen Zeitabständen, welche fünfundvierzig Minuten nie überschritten, über Deck und hielt dabei in der einen Hand einen großen, verbeulten Wasserkessel und in der anderen ein bunt durcheinandergewürfeltes Sortiment von Blechtassen, die mit einem durch ihre Henkel gezogenen Stück Draht zusammengehalten wurden. Der Kessel war abwechselnd mit starkem, süßem Tee oder mit Kakao gefüllt, wobei sein Inhalt in beiden Fällen – und in diesem Punkt waren wir einhellig einer Meinung – alles übertraf, was wir je an Gaumenfreuden erlebt hatten. Kaffee dagegen scheint sich bei den Besatzungen von Minensuchbooten nicht allzu großer Beliebtheit zu erfreuen.

Minenräumen ist eine fürchterlich monotone Angelegenheit, aber wir schafften es trotzdem, uns mit Rauchen, dem Spinnen von Seemannsgarn und dem Trinken der Gebräue des Kochs einigermaßen die Zeit zu vertreiben. In den frühen Morgenstunden flog direkt über uns ein riesiges, viermotoriges Flugboot der Küstenwache hinweg und nahm unsere bescheidene Gegenwart mit einem kurzen, eleganten Absinken zur Kenntnis, durch das wir uns mächtig geschmeichelt fühlten. Gegen Mittag tauchte am südlichen Horizont ein kleiner Geleitzug auf, von dem jedoch nach einer halben Stunde schon wieder nichts mehr zu sehen war. Gelegentlich flogen ein paar Möwen oder Wildenten über uns hinweg, und zweimal sahen wir den rundlichen, schwarz schimmernden Kopf eines besonders neugierigen Seehunds aus einer nahen Welle auftauchen, um uns nach der seiner Spezies eigenen Art kalt und teilnahmslos anzustarren und dann mit einem Ausdruck der Abscheu im Gesicht wieder in den Wogen unterzutauchen. In Ermangelung irgendwelcher sonstiger Ereignisse versanken wir mehr und mehr in einen Zustand wachsamer Langeweile.

Gegen zwei Uhr nachmittags, als jegliche Unterhaltung endgültig eingeschlafen war und wir uns in ausschweifenden Träumen hinsichtlich unseres Abendessens ergingen, wurden wir mit einem Mal durch einen lauten und unvermuteten, aber eindeutig triumphierenden Schrei unseres unermüdlichen Mannes an der Winde abrupt aus unseren kulinarischen Visionen gerissen. Wir stürzten nach Steuerbord und suchten mit angespannten Blicken die Wasserfläche ab, unter welcher das Suchkabel gerade durchgeführt wurde. Gleichzeitig warteten wir fieberhaft auf das erste Auftauchen der Mine; denn um eine Mine mußte es sich auf alle Fälle handeln. Doch wir konnten nichts sehen. Auch der Mann an der Winde hatte nichts gesehen, aber er hatte *gespürt*, daß irgendein fester Gegenstand mit dem Kabel in Berührung gekommen war. Und er würde sich bestimmt nicht so leicht täuschen.

Es war eine höchst prekäre Situation, welche hinsichtlich der Zukunft der aufgespürten Mine genau zwei verschiedene Möglichkeiten in sich barg – eine unangenehme, und eine weniger unangenehme. (Ganz nebenbei gibt es wohl kaum einen besseren Beweis für unser Vertrauen in unseren Mann an der Winde, als daß niemand von uns auch nur einen Augenblick daran zweifelte, es könnte sich nicht um eine Mine handeln.) In ersterem Fall würde unser Suchkabel den Zündmechanismus der Mine auslösen, so daß diese explodieren und damit auch unweigerlich unser Kabel zerstören würde. Darüber hinaus konnten wir natürlich nicht wissen, wie nahe die Mine einem unserer beiden Boote war, weshalb es keineswegs ausgeschlossen war, daß die Explosion der Mine für eines der Boote verheerende Folgen nach sich zog. Es wäre nicht das erstemal gewesen, daß so etwas vorkam. Die zweite, wesentlich erfreulichere Möglichkeit hätte darin bestanden, daß die Mine auf einen der Schneider zugezogen und von ihrer Verankerung gelöst wurde, so daß sie, ohne irgendwelchen Schaden anzurichten, an die Oberfläche getrieben worden wäre. Zu unserer immensen Erleichterung stellte sich dann auch genau letzteres ein.

An einer Stelle, die fast genau in der Mitte zwischen den beiden Minensuchbooten lag, erschien die Mine langsam an der Oberfläche und schaukelte dann, eine bösartige, mörderische Kugel aus schwarzem Stahl von etwa einem Meter Durchmesser und über und über mit kleinen Erhöhungen übersät, gemächlich in den Wellen. Wenn diese Erhöhungen eingedrückt werden, wird der Zündmechanismus ausgelöst und die Mine explodiert. Wir dampften noch ein Stück weiter, um das Kabel außerhalb der Reichweite der Mine zu bringen, und dann hatten wir noch kaum die Maschinen auf Stop gestellt, als bereits zwei Mitglieder der Besatzung ihre Gewehre griffbereit hatten und auf die Mine feuerten, die passenderweise dafür gedacht war, möglichst leicht zu explodieren. Wir anderen warteten indessen gespannt auf die Explosion und ihre spektakulären Nachwirkungen. Versteht sich von selbst, daß unsere beiden Schützen in ihren löblichen Bemühungen auch von der Crew des anderen Minensuchboots tatkräftig unterstützt wurden.

Nachdem von jedem Boot etwa ein Dutzend wirkungsloser Schüsse abgefeuert worden war, wurde klar, daß die Entschärfung der Mine keine ganz einfache Angelegenheit werden würde. Die schwankenden Decks der Minensuchboote machten das Zielen ja auch wirklich nicht gerade leicht, wozu noch kam, daß wir es nicht mit einem feststehenden Ziel zu tun hatten. Dennoch wurde unsere Hartnäckigkeit schließlich, wenn auch auf etwas enttäuschende Weise, belohnt, denn nach zehn weiteren Minuten sank die Mine, von Kugeln durchlöchert, von denen jedoch keine den Zündmechanismus auszulösen vermocht hatte, auf den Meeresboden. Obwohl unsere Aufgabe nun also erfüllt und die Mine für den Schiffsverkehr unschädlich gemacht worden war, überkam uns doch eine gewisse Enttäuschung über das unrühmliche Ende der Mine, wo wir uns alle schon auf ein dramatisches Finale gefreut hatten. Mit einem wärmenden Gefühl der Zufriedenheit im Bauch, das lediglich durch eine leichte Frustration etwas beeinträchtigt war, nahmen wir wieder unsere Posten ein, um die See nach der nächsten Mine zu durchkämmen.

Im Gegensatz zu einer allgemein gängigen Meinung spüren Minensuchboote keineswegs Tag für Tag Dutzende von Minen auf. Oft vergehen lange Wochen, ohne daß auch nur eine Mine gesichtet wird. Für die Besatzung unseres Minensuchboots war dies also ein großer Tag. Unseren hohen, schwarzen Schornstein zierten bereits neun weiße Streifen, welche für die Zahl der unschädlich gemachten Minen standen. Und entsprechend hatte der schiffseigene Künstler auch schon seinen Pinsel und einen Kübel mit weißer Farbe bereit, um den neun Streifen einen zehnten hinzuzufügen, sobald wir in den heimatlichen Hafen einliefen oder das Wetter sich soweit besserte, daß er noch auf See ans Werk gehen konnte.

Und tatsächlich begann sich gegen Abend der Wind zu legen und wieder nach Westen zu drehen. Der Himmel klarte auf, und die sturmgepeitschten Wogen legten sich allmählich zu einer sanften Dünung. Falls sich unser Erster Offizier über seinen im letzten Moment zunichte gemachten Ruf als Wetterprophet geärgert haben sollte, so ließ er sich jedenfalls nichts dergleichen anmerken. Möglicherweise hatte er in der Aufregung über den Erfolg dieses Tages das Ganze auch schon längst vergessen. Noch etwas später lösten sich auch die Wolkenbänke im Westen auf, so daß wir zum erstenmal an diesem Tag die Sonne sehen konnten – ein gigantischer Ball aus stumpfem Rot, dessen Umrisse sich jedoch scharf gegen den tiefliegenden, winterlichen Dunst abzeichneten.

Eine halbe Stunde später tauchte die Sonne unter den südwestlichen Horizont und warf dabei ein gebrochenes Band aus Karmesinrot über die See auf unser Schiff zu. Kurz danach, es wurde langsam dunkel und wir hatten noch gut zwanzig Meilen bis zu unserem Heimathafen zurückzulegen, signalisierte unser Erster dem Begleitboot, die Räumaktion einzustellen und das Suchkabel einzuziehen. Wir hievten es an Bord, entfernten die ›Drachen‹ und packten sie sorgfältig weg. Dann ging unser Boot zum erstenmal an diesem Tag auf Ostkurs und strebte durch die rasch hereinbrechende Nacht dem heimatlichen Hafen entgegen.

Die Arbeit des heutigen Tages war getan. Der Skipper, seine Hände fast zärtlich um das Steuerrad gelegt, unterhielt sich leise mit dem Ersten Offizier, der es sich auf einem unansehnlichen Klapphocker bequem gemacht hatte, die Hände am Hinterkopf verschränkt, den Rücken gegen das Schott gelehnt. Unter Deck lag der Koch nach getaner Arbeit auf seiner Koje und schmökerte in einem Kriminalroman. Der Mann an der Winde, dem eisigen Wind, der noch immer wehte, wie eh und je trotzend, hatte sich nicht von der Stelle gerührt und war nun in die träumerische Betrachtung unserer leicht phosphoreszierenden Heckwelle versunken, die sich allmählich in der Dunkelheit verlief. Ein paar Männer suchten auf dem Brunnendeck vor der Brücke Schutz vor dem achterlichen Wind und rauchten schweigend eine Zigarette. Zwei weitere Seeleute waren auf dem Brückendeck gerade dabei, eine Leiter festzuhalten, auf deren obersten Sprossen ein Mann balancierte, den auch das leichte Stampfen des Schiffs, das unzureichende Licht und der kalte Nachtwind nicht an der Durchführung seiner Aufgabe hindern konnten. Für diesen Mann ging eben nichts über die Kunst. Er malte gerade unseren zehnten Streifen an den Schornstein...

Es läßt sich wohl kaum in Worten ausdrücken, was wir diesen Männern schuldig sind – ausnahmslos Fischer von den Hebriden, von Mallaig, Wick und Peterhead, von Aberdeen und Grimsby, Lowestoft und Yarmouth. Sie als Helden zu bezeichnen, würde einem von ihrer Seite nur ein spöttisches Grinsen eintragen – und doch ist es genau das, was sie sind. Ihr Aufgabenbereich ist gleichzeitig die einsamste, monotonste und gefährlichste Tätigkeit innerhalb der gesamten Streitkräfte des Landes und noch dazu unentbehrlich für einen reibungs- und gefahrlosen Handelsverkehr auf den verschiedenen Schiffahrtswegen, welche für England die lebenswichtige Verbindung zur übrigen Welt darstellen. Je nach Gewohnheit stechen sie frühmorgens lustig oder ernst in See – und manche von ihnen kehren am Abend nicht zurück. Aber andere nehmen ihren Platz ein und machen weiter.

Die *City of Benares*

Colin Ryder Richardson, ein Makler, und Kenneth Sparks, ein Postangestellter, leben beide in den westlichen Außenbezirken Londons; ersterer in Worcester Park, Surrey, letzterer in Alperton, Middlesex. Beide Männer sind etwa gleich alt und verheiratet; beide haben einen kleinen Sohn. Diese recht oberflächlichen Übereinstimmungen träfen sicher auf Zehntausende von Personen zu, und dennoch läuft durch das ereignisreiche Leben dieser beiden Männer ein gemeinsamer Erinnerungsfaden, durch den sie aus der breiten Masse hervorstechen – es ist dies die Erinnerung an eine dunkle, bittere und hoffnungslose Nacht vor achtzehn langen Jahren, als der torpedierte Dampfer *City of Benares* im sturmgepeitschten Nordatlantik unterging und sie einem einsamen Tod in diesen eisig kalten und unwirtlichen Gewässern überließ.

Eigentlich hätten sie in besagter Nacht den Tod finden müssen. Ihre Überlebenschancen, die Überlebenschancen eines jeden Kindes, waren in diesen Gewässern verschwindend gering. Dennoch sollten die beiden, zusammen mit einer Handvoll anderer Kinder, dieser Hölle lebend entrinnen. Es war wirklich nur eine Handvoll, nicht mehr. Die Überlebenschancen waren, wie gesagt, verschwindend gering, wobei im Fall des Untergangs der *City of Benares*, einer Tragödie, welche die Gemüter damals mehr erregte als jedes andere Seeunglück des Krieges, die statistischen Werte ihren unerbittlichen Zoll fordern sollten. Von den hundert Kindern an Bord des Dampfers fanden nicht weniger als dreiundachtzig in jener Nacht des 17. September 1940 den Tod; fern von ihren Eltern, ihrem Zuhause und ihren Freunden, die bis dahin ihr ganzes Leben ausgemacht hatten.

Kenneth Sparks war dreizehn Jahre alt, Colin Richardson sogar nur elf, als die *City of Benares* mit 406 Passagieren und 215 Besatzungsmitgliedern an Bord von England aus in Richtung Kanada in See stach. Selbst heute noch kann sich Kenneth Sparks an die düsteren Bemerkungen einiger Besatzungsmitglieder erinnern, die sich über die Festsetzung des Abfahrtstermins auf einen Freitag, den 13. September, beklagten.

Doch niemand schenkte ihren düsteren Vorahnungen irgendwelche Beachtung – und schon gar nicht die Kinder im Alter von fünf bis fünfzehn Jahren, für die diese Seereise das größte Abenteuer ihres jungen Lebens darstellte. Es gab für sie so viel zu sehen – all die anderen Schiffe des Geleitzugs und die geschäftig sie umkreisenden Zerstörer – und so viel zu tun; sie durchstreiften das riesige Schiff auf kindlichen Erkundungszügen, spielten alle möglichen Spiele und taten ihr Bestes, den hervorragenden Mahlzeiten, die ihnen aufgetischt wurden, Gerechtigkeit angedeihen zu lassen.

Fast alle Kinder, und dies galt auch für Kenneth Sparks, wurden im Zuge eines offiziellen Regierungsprogramms aus stark bombardierten Gebieten wie London, Middlesex, Sunderland, Liverpool und Newport evakuiert. Sie wurden von neun offiziell mit dieser Aufgabe beorderten Betreuern begleitet. Colin Richardson stellte allerdings eine Ausnahme dar, da er die Reise auf private Veranlassung hin unternahm, und zwar unter der Obhut eines gewissen Mr. Raskay, eines Ungarn, der sich Colins Eltern gegenüber bereit erklärt hatte, sich auf der Reise um den Jungen zu kümmern.

Am dritten Tag nach der Abreise aus England kehrten die Zerstörer um und überließen den Konvoi sich selbst, nachdem er die gefährdete Zone sicher hinter sich gelassen hatte. In Kriegszeiten kommen sich selbst die erfahrensten und abgebrühtesten Seeleute immer wieder von neuem verlassen und verwundbar vor, wenn ihre Beschützer kehrtmachen und wieder in Richtung Heimat davondampfen. Aber dieses durchaus menschliche Gefühl legte sich in beträchtlichem Maße, als der Dampfer am Abend des nächsten Tages angesichts schwerer Kreuzseen mächtig ins Stampfen geriet und das Wetter sich zusehends verschlechterte. Der Sturm heulte und pfiff um die Aufbauten und die Takelage und türmte die See zu mächtigen Brechern auf.

Dennoch trug dies dazu bei, daß an Bord der *City of Benares* die allgemeine Anspannung mehr und mehr nachließ. Die größte Gefahr drohte dem Schiff von den U-Booten. Doch war es bekanntlich bei dermaßen stürmischer See fast unmöglich, ein Torpedo auch nur mit annähernder Treffgenauigkeit abzufeuern, selbst wenn ein U-Bootkommandant das Glück haben sollte, sie überhaupt lange genug zu Gesicht zu bekommen, um sie durch den eisigen Regen und das Schneetreiben, das langsam über die sich verdunkelnde See hinwegzupeitschen begann, ins Visier nehmen zu können. Außerdem war es nach internationalem Seerecht strengstens verboten, bei Sturm ein Passagierschiff zu torpedieren, da angesichts des starken Wellengangs die Überlebenschancen für die Passagiere und die Besatzung eines torpedierten Dampfers gleich Null waren.

Dennoch wurde die *City of Benares* Punkt zehn Uhr an jenem Abend torpediert. Der Torpedo traf das Schiff backbord ziemlich weit achtern, und zwar fast genau gegenüber der Sektion des Schiffs, wo die meisten der evakuierten Kinder untergebracht waren. Es läßt sich nicht genau feststellen, wie viele von ihnen ihr Leben bereits durch die tödliche Explosion verloren, mit der der Torpedo ein riesiges Loch in den ungepanzerten Rumpf der *City of Benares* riß, das sich von tief unterhalb der Wasserlinie bis über diese hinaus erstreckte. Vermutlich fanden fast die Hälfte der dort untergebrachten Kinder in diesem ersten Augenblick den Tod, oder sie wurden so schwer verletzt, daß sie sich nicht mehr vor den eindringenden Wassermassen in Sicherheit bringen oder auch nur um Hilfe rufen konnten. Nicht wenige wurden sicher auch in ihren Kabinen eingesperrt, da sich die Türen durch die Explosion so verzogen hatten, daß sie sich nicht mehr öffnen ließen, weshalb die dort eingeschlossenen Kinder mit dem Schiff in die Tiefe gerissen wurden, ohne daß ihnen noch jemand zu Hilfe hätte kommen können.

Andrerseits gab es auch Kinder, die sich des tödlichen Ausmaßes des Schadens oder auch der Tatsache, daß sich überhaupt ein Schaden ereignet hatte, gar nicht bewußt waren. Zu diesen gehörten Colin Richardson und Kenneth Sparks.

Colin war zu diesem Zeitpunkt gerade allein in seiner Kabine und las in seiner Koje ein Comic. Er spürte zwar plötzlich einen heftigen Schlag, schenkte ihm aber weiter keine Beachtung und fuhr ungestört in der Lektüre seines Comics fort, woraus wir eigentlich nur entnehmen können, daß er gerade eine besonders spannende Geschichte las. Erst als die Alarmglocken zu läuten begannen, legte er seine Lektüre unwillig beiseite, um in seine Pantoffeln zu schlüpfen, sich seinen Bademantel über den Schlafanzug zu streifen und schließlich seine knallrote Schwimmweste anzulegen, die ihm seine Mutter mit der Ermahnung, sie immer zu tragen, mit auf die Reise gegeben hatte und die ihm bereits auf dem ganzen Schiff den Spitznamen Will Scarlet eingetragen hatte. Doch damit noch kein Ende, schnallte er sich über seine Schwimmweste noch einen Schwimmgürtel aus Kork und machte sich schließlich, so gerüstet, auf den Weg zum Schiffsspeisesaal, wo sich die Passagiere bereits in Reih und Glied aufstellten, um sich in die Rettungsboote zu begeben.

Kenneth lag um zehn Uhr in seinem Bett und schlief fest. Das laute Läuten der Alarmglocken riß ihn und seine beiden Kabinennachbarn, welche beide im Dunkel dieser Nacht den Tod finden sollten, abrupt aus dem Schlaf. Sie streiften sich eilends ihre Mäntel und Schwimmwesten über, bevor sie an Deck liefen und sich zu ihren Booten begaben.

Aus der Wärme ihrer Betten und der sorglosen Tiefe ihres Schlafs gerissen, versuchten sich die zitternden, noch halb schlafenden Kinder in ihren dünnen Schlafanzügen noch kleiner zu machen, um dem eisig kalten Sturm, der den erbärmlich dünnen Stoff ihrer unangemessenen Kleidung gnadenlos durchdrang und sie mit dem prasselnden Regen und schneidenden Graupelschauern umpeitschte, weniger Angriffsfläche zu bieten. Und gleichzeitig blies er ihnen noch die salzige Gischt von den hoch aufragenden Wellenkämmen in die Augen, während das bereits sinkende Schiff, das zunehmend an Fahrt verlor, hilflos in den tiefen Tälern zwischen den mächtigen Brechern zu schlingern begann.

Erst jetzt begriff Kenneth Sparks, was die Stunde geschlagen hatte, als er die weggerissenen Lukenabdeckungen sah, den umgeknickten und zersplitterten Mast, die überall herumliegenden Trümmer und die von dem Schock noch ganz benommenen Laskaren der Besatzung. Jetzt erst begriff er, daß das Schiff sank. Sowohl er als auch Colin können sich noch deutlich daran erinnern, daß unter den Kindern keinerlei Panik ausbrach; nur ein kleiner Junge weinte im Dunkeln leise vor sich hin, wobei sein Schluchzen nur in den wenigen Augenblicken schwach zu hören war, wenn sich die *City of Benares* so weit zur Seite neigte, daß sie das Toben des Sturms kurz abblockte.

Eines nach dem anderen wurden die Rettungsboote zu Wasser gelassen – angesichts des unter den gewaltigen Brechern gefährlich schlingernden Schiffs und der Dunkelheit eine höchst schwierige und vor allem gefährliche Aufgabe. Einige der Rettungsboote kenterten auch sofort, so daß sich ihre Insassen der sturmgepeitschten See ausgeliefert sahen – nur die wenigsten der so Betroffenen überlebten das Unglück. Einige Boote schlugen voll und trieben ab. Andere wiederum näherten sich der Bordwand des sinkenden Schiffs an einer Stelle, wo eine Strickleiter herabbaumelte; als dann Frauen und Kinder jedoch daran hinunterzuklettern begannen, mußten sie feststellen, daß die Boote längst weitergetrieben worden waren. Und darauf folgte noch die bittere Erkenntnis, daß sie nicht mehr über die nötige Kraft verfügten, noch einmal an Deck hochzuklettern. Für ein paar Sekunden hingen sie noch an den Sprossen, gegen die Bordwand geschmettert und abwechselnd tief in die stürmische, eisig kalte See getaucht, im nächsten Augenblick hoch über sie hinausgeschleudert, während das kenternde Schiff zunehmend heftiger ins Schlingern geriet. Und schließlich verließen sie ihre schwachen Kräfte; ihre klammen Finger lösten sich von den dünnen Sprossen, um danach nie mehr gesehen zu werden.

Andere Frauen sprangen mit einem Kind im Arm einfach im Dunkeln über Bord, wenn sie gesehen hatten, daß zuvor an dieser Stelle ein Floß ins Wasser gelassen worden war. Manchmal – allerdings nur in sehr seltenen Fällen – erreichten sie das rettende

Floß, um sich mühsam an Deck zu hieven und dort dann, schutzlos dem Sturm, dem Eisregen und den Wellen ausgeliefert und unfähig, auch nur ihre Köpfe zu heben, erschöpft und entkräftet liegenzubleiben. Aber in den meisten Fällen waren sie in dem sie umgebenden Dunkel einer See, deren gewaltig sich auftürmende Wellenkämme die Sichtweite auf wenige Meter beschränkten, nicht in der Lage, die Flöße auszumachen, und wenn doch, wurden sie nicht selten rascher von ihnen fortgetrieben, als sie ihnen hinterherschwimmen konnten.

Die *City of Benares* sank in etwas mehr als zehn Minuten, nachdem sie torpediert worden war. Angesichts dieser Tatsache ist es ein Wunder, daß überhaupt so viele mit dem Leben davonkamen; größtenteils ist dies vermutlich auf den selbstlosen und todesmutigen Einsatz der Besatzung zurückzuführen. Einzelne Mitglieder der Besatzung sprangen ins Wasser, um gekenterte Boote aufzurichten und möglichst vielen Passagieren in sie hineinzuhelfen. Andere blieben auf den schlüpfrigen, sich mehr und mehr zur Seite neigenden Decks, bis die *City of Benares* endgültig kenterte; sie mühten sich bis zum letzten Augenblick ab, verklemmte Rettungsboote und -flöße freizubekommen. Und in den meisten Fällen waren sie damit auch noch beschäftigt, als das Schiff kenterte und sie mit sich in die Tiefe riß.

Der einzige Gedanke fast aller Besatzungsmitglieder und Passagiere galt den Kindern. Der Kapitän des Schiffs fand den Tod, während er bis zum letzten Augenblick unter Deck nach eingeschlossenen Kindern suchte. Dasselbe gilt für Colonel Baldwin-Webb, Militärpolizist der Wrekin Division aus Shropshire, der die ganze Zeit hindurch mit vorbildlicher Tapferkeit gehandelt und viele Kinder aus ihren Kabinen zu den Rettungsbooten gebracht hatte. Das gleiche tat Colins Reisebegleiter, Mr. Raskay, der seinen Platz in einem Rettungsboot einer Frau und einem Kind überließ und darauf wieder unter Deck ging, um weitere Frauen und Kinder aus den brennenden Kabinen zu retten. Wieder ans Oberdeck zurückgekehrt, sprang er ins Meer, jedoch nicht, um sich selbst in Sicherheit zu bringen, sondern um ertrinkende Kinder zu retten. Es ist nicht bekannt, wie oder wo er schließlich den Tod fand. Mr. Raskay war Ungar, doch das einzige, was für ihn zählte, waren nicht Nationalität oder Glaubensbekenntnis, sondern einfach nur schlichte Menschlichkeit.

Auch der Steuermann starb auf der Suche nach eingeschlossenen Kindern. Nachdem er ein Rettungsboot mit Frauen und Kindern besetzt hatte, überließ er es der Obhut eines anderen Seemanns, um wieder an Deck zurückzusteigen; er wurde nicht wieder gesehen. Auch die offiziellen Betreuer der Kinder wurden den in sie gesetzten Erwartungen mehr als gerecht, da nur drei von ihnen überlebten.

Eine davon war Mrs. Towns. Sie sorgte erst dafür, daß möglichst viele ihrer Schützlinge einen Platz in einem der Rettungsboote bekamen, um dann jedoch selbst auf einen solchen zu verzichten. Obwohl sie noch nie zuvor in ihrem Leben geschwommen war, sprang sie schließlich über Bord. Irgendwie schaffte sie es, ein gekentertes Boot zu erreichen und sich zusammen mit fünfzehn anderen Personen, hauptsächlich Kindern, daran festzuklammern. Aber das eiskalte Wasser drang unerbittlich unter die Haut, der stechende Eisregen und die tosende See lähmten Arme und Beine, so daß im weiteren Verlauf dieser schrecklichen und endlosen Nacht ein Kind nach dem anderen entkräftet in den Fluten versank. Bei Anbruch des Morgengrauens waren nur noch Mrs. Towns und zwei kleine Mädchen übrig; sie wurden gerettet.

Colin Richardson und Kenneth Sparks hatten mehr Glück – sie entkamen beide in einem der Rettungsboote. Colin kann sich noch lebhaft an den Augenblick des Untergangs der *City of Benares* erinnern, als durch den plötzlichen Überdruck im Innern eine Tür aus den Angeln gerissen und ein Mann hinterher ins Freie geschleudert wurde.

Im Gedächtnis haftengeblieben ist ihm auch der seltsame Anblick, den die See währenddessen bot; überall ringsumher leuchteten die roten Lämpchen an den Schwimmwesten der Schiffbrüchigen im Wasser auf – Mitglieder der Besatzung, die sich selbst noch hier um das Wohl ihrer kleinen Passagiere kümmerten, und nicht zuletzt all diejenigen, welche neben den Booten herschwammen und darum baten, an Bord genommen zu werden, um gleichzeitig fast ausnahmslos stumm und fraglos ihr Schicksal hinzunehmen, wenn man ihnen versicherte, daß kein Platz mehr für sie war. Sie entfernten sich wieder und suchten nach irgendwelchen Schiffstrümmern, an die sie sich klammern konnten, wobei den meisten durchaus klar war, daß dies nur einen kurzen Aufschub bedeuten konnte, bis sie schließlich vor Kälte und Erschöpfung sterben würden. Und leider fehlte es auch nicht an ein paar Personen, die sich, von Angst und Verzweiflung überwältigt, trotzdem an Bord eines der Boote zu hieven versuchten und dieses deshalb fast zum Kentern gebracht hätten.

»Es war eine schreckliche Nacht«, erinnert sich Colin Richardson. »Stürmisch und bitter kalt. Ständig peitschte der Wind den stechenden Eisregen über uns hinweg. Wir unternahmen auch einen halbherzigen Versuch, ein Lied anzustimmen, um den Mut nicht gänzlich sinken zu lassen; allerdings gaben wir nach einiger Zeit auch das auf, da wir jedesmal, wenn wir den Mund aufmachten, eine gehörige Portion Salzwasser zu schlucken bekamen. Also gaben wir uns damit zufrieden, uns stumm und entschlossen darauf zu konzentrieren, unseren Platz im Boot zu behalten.«

Und bereits das sollte sich als ein fast unmögliches Unterfangen erweisen. Colins Rettungsboot schlug voll, so daß es bis zum Dollbord im Wasser lag und nur durch seine Lufttanks am Sinken gehindert wurde. Den Insassen reichte das eiskalte Wasser bis zur Hüfte, den Kindern sogar bis zur Brust. Und jedesmal, wenn wieder eine Welle auf sie zurollte – und die Wellen sollten die ganze endlose Nacht hindurch nicht nachlassen –, mußten sie sich mit aller

Kraft festklammern, um nicht davongespült zu werden. Wenn man wie Colin so klein war, daß man mit den Füßen nicht einmal die Bodenbretter erreichte, waren die Chancen, sich auf Dauer an Bord zu halten, verschwindend gering. Colin schaffte es aber trotzdem – und wurde gerettet.

Aber viele konnten sich irgendwann nicht mehr hinreichend festhalten und wurden über Bord gespült. Einer nach dem anderen starben sie – vor Erschöpfung oder aufgrund des mörderischen Krampfs, der den verzweifelten Zugriff nach dem Dollbord und dem Leben schlechthin schwächte, so daß sie über Bord und der Erlösung eines raschen Todes durch Ertrinken entgegengespült wurden; und einige ertranken sogar auf ihrem Platz im Boot.

Die Laskaren unter den Besatzungsmitgliedern starben als erste – zehn von ihnen in rascher Aufeinanderfolge; ein Leben lang an tropische und subtropische Temperaturen gewöhnt, hatten sie der unerbittlichen Kälte nichts entgegenzusetzen. Dann folgten weiße Besatzungsmitglieder und auch einige Frauen und Kinder. Die ganze Nacht über bis zur Brust in dem eiskalten Wasser sitzend, versagten ihre Herzen irgendwann einfach den Dienst. Ein Mann drehte durch und sprang über Bord. Eine alte Schiffskrankenschwester starb in Colins Schoß, nachdem er ihr, ihren Kopf in seinen Armen haltend, lange Mut zugesprochen und immer wieder versichert hatte, daß bereits ein Schiff zu ihrer Rettung unterwegs sei. (Mr. Richardson hat im Verlauf des Interviews, das vor kurzem zu diesem Thema stattgefunden hat, mit keinem Wort erwähnt, daß er für sein tapferes Verhalten in jener Nacht eine königliche Tapferkeitsauszeichnung erhielt, womit er mit Sicherheit der jüngste Inhaber dieser Auszeichnung sein dürfte.)

Mit anbrechendem Morgengrauen beruhigte sich die See etwas, wenn es auch nach wie vor bitter kalt blieb. Immer noch starb ein Schiffbrüchiger nach dem anderen. Am deutlichsten ist ihm von diesem Tag ein Rettungsboot in Erinnerung geblieben, erzählt Colin Richardson, das kieloben im Wasser schwamm und an das sich fünf Personen festklammerten. »Als wir sie zum erstenmal sahen, winkten sie uns noch freudig zu. Aber je länger sich der Tag dahinzog, verließen einen nach dem anderen die Kräfte. Sie konnten sich nicht mehr festhalten und verschwanden. Fünf, vier, drei, zwei, einer...«

Die langersehnte Rettung kam schließlich gegen sechzehn Uhr, als sie der Zerstörer *Hurricane* entdeckte. Nur einer der Insassen des Rettungsboots war in der Lage, die seitlich herabgelassenen Kletternetze aus eigener Kraft zu erklimmen – der fünfundzwanzigjährige Schiffszimmermann Angus McDonald, welcher das Kommando über das Rettungsboot innegehabt hatte und dessen überragendem seemännischen Können wohl alle Überlebenden ihr Leben zu verdanken hatten. Alle Überlebenden – dies waren noch zehn von den ursprünglich vierzig Insassen des Boots.

Kenneth Sparks' Erlebnisse stehen in seltsamem Kontrast zu denen von Colin Richardson. Auch er saß in einem überfüllten Rettungsboot – es hatte nicht weniger als sechsundvierzig Personen an Bord –, aber anstatt wie Colin achtzehn Stunden auf dem Atlantik zu verbringen, trieben er und seine fünfundvierzig Leidensgenossen ganze acht Tage und Nächte auf dem eisigen Meer – und wie durch ein Wunder überlebten alle sechsundvierzig Insassen des Boots.

Dieser beträchtliche Unterschied, was den prozentuellen Anteil der Überlebenden betrifft, scheint auf den ersten Blick vollkommen unerklärlich – bis man sich ins Gedächtnis zurückruft, daß Kenneth Sparks' Boot nicht vollief, weshalb es den Insassen auch erspart blieb, reglos bis zur Brust im eiskalten Wasser zu sitzen. Und wenn man die vorhandene Kleidung vernünftig verteilt und sich entsprechend aneinanderkuschelt, um sich gegenseitig zu wärmen, lassen sich auch die bitterkalten Nächte auf dem offenen Atlantik überstehen. Nur wenn man mit dem ganzen Körper in das eiskalte Wasser eingetaucht ist, schwinden die Überlebenschancen Stunde für Stunde dahin.

Darüber hinaus waren die Insassen von Kenneths Boot denen von Colins noch in einem weiteren Punkt im Vorteil – sie konnten ihr Boot steuern und fortbewegen. Während aus Colin Richardsons Rettungsboot die Riemen schon in den ersten Augenblicken der Katastrophe fortgeschwemmt worden waren, ging in Kenneths Boot kein einziger verloren. Zudem verfügte dieses Boot auch noch über eine Schraube, welche vermittels eines Pumpenschwengels über eine lange Welle vom Innern des Boots aus betrieben werden konnte. Diese Vorrichtung verlieh dem Boot nicht nur die erforderliche Richtungsstabilität, sondern ermöglichte es außerdem dem Dritten Offizier Purvis, welcher das Kommando an Bord führte, Kurs auf die schweren Brecher zu halten, ganz zu schweigen von dem höchst willkommenen Nebeneffekt, daß diese Vorrichtung von jedem bedient werden konnte und somit selbst in der eisigen Kälte der langen Nächte lebensnotwendige Körperwärme spendete.

Dennoch hatten die Insassen dieses Boots selbstverständlich Schreckliches zu erleiden. Zu der Kälte und der körperlichen Erschöpfung – Kenneth verbrachte nach seiner Rettung zwei Monate im Krankenhaus – kamen noch die ständigen, an die Grenzen menschlicher Leistungsfähigkeit gehenden Anstrengungen, das Boot angesichts der schweren Brecher auf Kurs zu halten. Sie hatten zwar zu essen und zu trinken, aber nicht genügend; jeder einzelne wache Gedanke war von Hunger, Durst und Übermüdung geprägt. Kenneth Sparks vertritt die Überzeugung, daß er und die fünf anderen Kinder an Bord ihr Überleben Miß Cornish verdanken, einer Betreuerin, die später für ihre Tapferkeit ausgezeichnet wurde; sie verbrachte so gut wie jede Minute, in der sie nicht schlief, mit dem Massieren der Hände und Füße der ihr anvertrauten Kinder, um ihr Blut zum Zirkulieren zu bringen; außerdem ließ sie sie Körperübungen machen und erzählte ihnen unzählige Geschichten, um ihre Gedanken etwas von ihrer verzweifelten Lage abzulenken. Es spricht wohl mehr als genug für den Erfolg ihrer Bemühungen, wenn Kenneths Aussagen zufolge keiner der Insassen des Boots je die Hoffnung verlor, daß sie gerettet würden. Und gerettet wurden sie schließlich auch, nachdem sie von einem Aufklärungsflugzeug entdeckt und von einem Zerstörer an Bord genommen und sicher nach Schottland gebracht worden waren.

Das also ist die tragische Geschichte der *City of Benares*, mit Sicherheit die rührendste und am meisten zu Herzen gehende Schiffskatastrophe des ganzen Krieges. Es steht in diesem Zusammenhang nur zu hoffen an, daß selbst der rücksichtsloseste U-Boot-Kommandant die *City of Benares* nicht torpediert hätte, wenn er gewußt hätte, daß sich hundert Kinder an Bord des Schiffes befanden. Aber das gehört in den Bereich der Spekulation und ändert nichts an der Tragik des Vorfalls.

Eine Geschichte voller Schrecken und Tod, aber dennoch auch nicht ohne ein paar Glanzlichter. Mit Ausnahme Colins und Kenneths mit seinen fünf Kameraden überlebten nur noch zwölf andere Kinder. Ein jämmerliches Häufchen. Aber um diesem erbarmungswürdigen Häufchen wenigstens eine Chance des Überlebens zu bieten, opferten Dutzende von Erwachsenen aus den einhundertdreiundsechzig Mann starken Reihen der Passagiere und der Besatzung bereitwillig – und ohne einen Gedanken an ihr eigenes Wohl zu verschwenden – ihr Leben.

Wer zum Beispiel war der Mann, der ein Floß von dem sinkenden Schiff wegschleppte, das jeden Augenblick in den Fluten zu versinken und in seinem tödlichen Sog alles in seiner unmittelbaren Umgebung mit sich in die Tiefe zu reißen drohte, um dann, nachdem er die Kinder auf dem Floß in einem Rettungsboot in Sicherheit gebracht hatte, noch einmal umzukehren und ein zweites Floß mit einer Frau und vier Kindern durch die gewaltigen Brecher auf ein anderes Rettungsboot zuzuziehen? Und auch dann noch kehrte er ein drittes Mal um und suchte im Dunkeln nach weiteren Überlebenden, um danach freilich nie mehr wiedergesehen zu werden.

Wir wissen nicht, wer dieser Mann war, wobei es darauf auch gar nicht ankommt. Wir wissen zumindest so viel, daß dieser Mann, der auf so selbstlose Weise sein Leben geopfert hat, sicher nicht so gehandelt hat, weil ihm unsere Anerkennung am Herzen gelegen wäre; und selbst wenn sie ihm zuteil geworden wäre, hätte er bestimmt kein großes Aufheben darum gemacht. Ein Mann, unbekannt und ohne Namen – aber dennoch wird er für immer als die Symbolgestalt schlechthin für den Geist in unserem Gedächtnis haftenbleiben, der auf der *City of Benares* herrschte.

Die Golduhr

Seine Uhr war der ganze Stolz unseres Kapitäns. Sie war sehr massiv gebaut und hatte nicht weniger als acht Zentimeter Durchmesser; sie war aus purem Gold und mit kabbalistischen Mustern von außerordentlicher Feinheit graviert. Und nicht zuletzt hing sie an einer Kette, deren Dimensionen, sowohl was Länge wie Umfang betraf, man erst mit eigenen Augen hätte sehen müssen, um ihnen Glauben schenken zu können. Natürlich war auch die Kette, versteht sich von selbst, aus purem Gold. Jedem, der die Vermessenheit besaß, letzteren Umstand in Frage zu stellen, wurde sie mit der verächtlichen Frage in die Hand gedrückt, ob er etwa nicht den Stempel auf jedem einzelnen Glied sehen könnte.

Über diese oben erwähnten Vorzüge hinaus war die Uhr nach Angaben unseres Kapitäns auch noch absolut wasserdicht. Schon bei den verschiedensten Gelegenheiten hatten wir ihn gedrängt, den Wahrheitsgehalt dieser Behauptung unter Beweis zu stellen und den Gegenstand unserer Zweifel in einen Wasserbehälter zu tauchen. Doch bekamen wir bei all diesen Gelegenheiten, in merklich gekränktem Ton, immer wieder die gleiche Antwort von unserem Kapitän zu hören: Bloß weil wir seinen Worten keinen Glauben schenkten, würde er sich noch lange nicht herablassen, uns die Richtigkeit seiner Behauptung zu beweisen. Daraus ergab sich für uns eigentlich nur die eine Schlußfolgerung, daß auch den Kapitän gewisse, den unseren nicht unähnlichen Zweifel hinsichtlich der Widerstandsfähigkeit seines Chronometers gegen das feuchte Element plagten. Überhaupt war dies, wie wir alle wußten, ein äußerst wunder Punkt unseres Kapitäns, den er ebensosehr aus ganzem Herzen und aus ganzer Seele zu klären wünschte, wie es ihm an dem nötigen Mut fehlte, seine über alles geliebte Uhr dem entscheidenden Test zu unterziehen.

Die meiste Zeit war besagtes Prunkstück übrigens unseren plebejischen Augen – und Fingern – durch ein verschließbares Etui entzogen, das wiederum in einer verschlossenen Schublade in der Kapitänskajüte lag. Heute ruhte die Uhr jedoch in der Westentasche des Kapitäns, während die Kette, derart war ihre Länge, fast die Gesamtheit des stattlichen Umfangs ihres Besitzers an dieser ausgedehntesten Körperstelle zu umspannen schien. Westen sind an sich bei Schiffsoffizieren etwas höchst Ungewöhnliches, und so behaupteten böse Zungen auch immer wieder, unser Kapitän hätte sich dieses Kleidungsstück nur anfertigen lassen, um seine Uhr und die dazugehörigen Accessoires gebührend unterbringen und zur Schau stellen zu können. Wie dem auch sein mochte; an diesem glühendheißen Juninachmittag ging unser Kapitän jedenfalls zu seiner letzten Besprechung mit seinen Agenten in Basrah an Land, ein zufriedenes Lächeln auf den Lippen und, einen guten halben Meter weiter südlich, seinen geliebten Zeitmesser in seiner Westentasche.

Als er etwa zwei Stunden später wieder zurück-kam – sein Boot bahnte sich mühsam einen Weg zwischen den mit Datteln beladenen Leichtern hindurch, welche unser in der Flußmitte vor Anker liegendes Schiff umringten –, war sein freundlicher Gesichtsausdruck verschwunden. Das gleiche traf auf seine Uhr zu, wobei sich unsere Annahme, das letzterer Umstand ersteren nach sich gezogen hatte, als richtig erwies. Nachdem wir dem rot angelaufenen, ausgiebig schwitzenden Kapitän an Bord geholfen hatten, harrten wir geduldig der nun kommenden Dinge.

Denn erst einmal tobte er nur in blinder Wut und wild hervorgestoßenen Flüchen vor sich hin, wobei wir angesichts seines stetig ansteigenden Blutdrucks jeden Augenblick damit rechneten, daß er einem Schlaganfall zum Opfer fiele. Glücklicherweise wurde er jedoch schließlich der Sprache wieder mächtig, wodurch er zu guter Letzt dem fast übermächtigen Druck seiner offenbar gröblichst verletzten Gefühle doch Erleichterung zu verschaffen vermochte. Er war aufs höchste erbost. Und wenn uns seine Wortwahl auch sichtlich schockierte, mußten wir doch zugeben, daß sie den Umständen entsprechend durchaus angemessen war.

Keinem Menschen etwas Böses wollend, war er friedlich von seiner Unterredung mit den Agenten der Reederei zum Schiff zurückgekehrt, nicht ohne in dem Menschengewirr des Basars dennoch die nötigen Sicherheitsvorkehrungen zu treffen, was seine Brieftasche und seine Uhr betraf. Nachdem er den

Basar jedoch hinter sich gelassen hatte, schienen ihm diese Vorsichtsmaßnahmen überflüssig, und als er sich dann am Eingang des Hafengeländes seinen Weg durch eine Gruppe von arabischen Seeleuten hatte bahnen müssen, hatte er diese in seiner ebenso großen wie bedauerlichen Naivität als ebenso ehrlich wie sich selbst erachtet. (Gerade, was diesen Punkt betraf, war seine Verbitterung beachtlich.) Jedenfalls war er plötzlich sehr heftig von hinten angestoßen worden, und als er sich daraufhin umdrehte, um den Rüpel zurechtzuweisen, war ihm entgangen, wie seine Uhr samt Kette aus ihrer Verankerung gelöst wurde, zumal dies mit einer Schnelligkeit und Geschicklichkeit geschah, wie sie nur langer Übung und Berufserfahrung entspringt. Als der Kapitän dann jedenfalls seinen Weg fortsetzen wollte, mußte er zu seiner Bestürzung feststellen, daß seine Uhr verschwunden war.

An diesem Punkt versagten ihm neuerlich die Worte, und er schien der endgültigen Auflösung in verstärktem Maße gefährlich nahezurücken. Nachdem er jedoch unter schier übermenschlichen Anstrengungen seine Beherrschung mühsam wieder erlangt hatte, fuhr er in seiner Erzählung fort. Obwohl es ihm nicht möglich gewesen war, den eigentlichen Dieb ausfindig zu machen, da dieser sich mit der gebotenen Diskretion und Eile in Luft aufgelöst hatte, war ihm doch klargeworden, daß die Person, welche ihn von hinten gestoßen hatte, mit dem Dieb unter einer Decke stecken mußte, weshalb er besagten Beihelfer des Verbrechens auch über eine halbe

Meile hinweg erbittert verfolgt hatte, bis sich das zwielichtige Individuum in einer besonders belebten Gasse seinen Blicken entziehen konnte. Hierin also, dies wurde uns nun bewußt, waren die Gründe für die kräftige Gesichtsfarbe und die überreichliche Perspiration unseres Kapitäns zu suchen.

An diesem Punkt der Erzählung machte sich neuerlich dieser höchst bedrohliche Zustand der Sprachlosigkeit breit, in dessen Verlauf sich der Wortschatz unseres Kapitäns auf das wechselweise Hervorstoßen von ›meine Uhr‹ und ›dieser Halunke‹ beschränkte, wobei ersteres mit einem zu Herzen gehenden Pathos geschah, während in letzterem Fall, abgesehen von den verschiedensten, ausnahmslos sehr bildreichen Adjektiven, vor allem die außerordentliche Tiefe des Gefühls beachtenswert war.

Auch die inzwischen verflossenen dreißig Stunden hatten den durchaus berechtigten Ärger unseres Kapitäns nicht lindern können, obwohl er inzwischen wieder wie ein vernunftbegabtes Wesen in zusammenhängenden Sätzen zu sprechen vermochte; kam die Rede jedoch auf die bedauerlichen Vorfälle des vorigen Nachmittags, bereitete ihm dies nach wie vor sichtlich Mühe. Bei Sonnenuntergang hatten wir unsere letzte Kiste Datteln geladen, um dann in der rasch herabsinkenden tropischen Dämmerung den unheilvollen Hafen von Basrah dankbar hinter uns zu lassen. Inzwischen glitten wir auf südöstlichem Kurs gemächlich durch die erdrückend schwüle tropische Nacht den Golf hinunter; das Dunkel wurde nur ganz schwach von den kalten, unvorstellbar fernen Lichtpunkten der Sterne an dem mondlosen Nachthimmel erhellt.

Unser Kapitän, den seine außer Rand und Band geratenen Gefühle offensichtlich auch noch um das tröstliche Vergessen tiefen Schlummers gebracht hatten, war vor kurzem zur Brücke hochgekommen, wo er nun, einem eingesperrten Leoparden nicht unähnlich, unablässig auf und ab schritt, um uns gleichzeitig ständig vor Augen zu halten, welch grausame Rache er an dem gegenwärtigen unrechtmäßigen Besitzer seiner Uhr nehmen wollte, falls ihm je die Genugtuung zuteil werden sollte, daß dieser in seine Hände fiel. Der laskarische Rudergänger, in Gegenwart des Kapitäns der Diensteifer in Person, stand in hingebungsvoller Betrachtung über den Kompaß gebeugt, während der Ausguck im Bug entweder von seinem Heimatdorf im fernen Indien träumte oder zu seiner Überraschung feststellen hatte müssen, daß ihm im Gegensatz zu unserem Kapitän der Verlust dessen Uhr keineswegs den Schlaf zu rauben vermocht hatte.

Dabei handelt es sich selbstverständlich um reine Mutmaßungen, die jedoch der Wahrheit ziemlich nahe kommen dürften, da unser Ausguck nicht eher von der Existenz der Dhau wußte, die gerade unseren Kurs kreuzte, als ihm ein lautes, splitterndes Krachen, begleitet von noch lauteren, verzweifelten Rufen, zu verstehen gab, daß der stählerne Bug unseres Schiffes eben eine unglückliche Dhau in Grund und Boden gerammt hatte.

»Sagen Sie mir bloß nicht, daß wir schon wieder eine von diesen Sch...-Dhaus gerammt haben«, stöhnte der Kapitän entnervt (so etwas kommt nämlich keineswegs selten vor). Und nachdem er die Maschinen auf ›Stop‹ hatte stellen lassen, ordnete er an, sofort ein Rettungsboot zu Wasser zu lassen. Dies geschah, worauf das Boot zehn Minuten später mit der zitternden und völlig durchnäßten Besatzung der gerammten Dhau zurückkehrte. Pflichtschuldig begab sich der Kapitän auf Deck hinunter, um die Schiffbrüchigen an Bord in Empfang zu nehmen.

Die Strickleiter zuckte gegen die Bordwand, und als das erste der glücklosen Opfer des Zwischenfalls – wie glücklos er tatsächlich war, sollte dem Betroffenen in diesem Moment noch nicht in vollem Umfang zu Bewußtsein kommen – schließlich über die Bordwand kletterte, klappte das Kinn des Kapitäns erst einmal fünf Zentimeter nach unten; außerdem stand er wie vom Donner gerührt da.

»Das ist der Herr, den ich gestern nachmittag verfolgt habe«, stieß er schließlich mit unverhohlener Freude hervor. (Die Titulierung ›Herr‹ war in diesem Fall selbstverständlich absolut euphemistischer Natur.) Dann hielt er jedoch inne, um mit merklich aufblitzenden Augen der zweiten Gestalt entgegenzustarren, welche sich gerade über die Reling hievte. Von dem unleugbar schmutzstarrenden Hals dieses zweiten ›Herrn‹ baumelte doch tatsächlich – und der Gegenstand reichte bis zu seinem Bauchnabel hinab – ein für einen Araber von so offensichtlich heruntergekommenem Äußeren höchst ungewöhnliches

Schmuckstück, bei dem es sich um keinen geringeren Gegenstand als die jüngst geraubte Uhr und Kette unseres Kapitäns handelte, welche durch diese überraschende Wende des Schicksals nun glücklich wieder in seine Hände gespielt wurde.

Mit angehaltenem Atem und nicht ohne eine gewisse angstvoll mitleidige Erwartung harrten wir nun des drohenden Strafgerichts, in dessen Verlauf der Kapitän seine immer wiederholten, blutrünstigen Drohungen wahrmachen würde, was in der sofortigen und vollständigen Auslöschung der Araber (es waren ihrer insgesamt vier) resultiert hätte. Die Schiffbrüchigen starrten den Kapitän auch entsprechend entsetzt und angstvoll an.

Zu unserer nicht geringen Verwunderung – und, versteht sich wohl von selbst, auch Erleichterung – fand das erwartete Araberabschlachten jedoch nicht statt. Statt dessen trat der Kapitän in aller Ruhe auf den vor Todesangst zitternden Araber zu und nahm ihm behutsam die Uhr samt Kette vom Hals, um dann in seltsam sanftem Ton, in dem, wie es uns schien, ein Anflug von kaum unterdrücktem Triumph mitschwang, nichts weiter zu sagen als: »Bringen Sie diese Männer nach unten, und geben Sie ihnen etwas Warmes zu essen; wir werden sie am Morgen der Polizei von Bahrein übergeben.«

Wir waren erstaunt. Wir waren perplex. Wir trauten unseren Augen und Ohren nicht mehr. Das überstieg das Fassungsvermögen unseres nicht übermäßig begabten Verstandes. Was, fragten wir uns ungläubig, hatte diesen ebenso plötzlichen wie unerklärlichen Gesinnungswandel hervorgerufen? Doch sollten wir diesbezüglich nicht lange im unklaren gelassen werden.

Zu uns herumwirbelnd und die Uhr an ihrer Kette hoch in die Luft haltend, verkündete der Kapitän stolz: »Seht ihr! ... äh, ich meine, hört ihr?« Und wir hörten. Das geräuschvolle Tick-tack, Tick-tack seiner Uhr hätte jeden Wecker, der auf sich hielt, vor Neid erblassen lassen.

»Wasserdicht!« platzte er im Triumph heraus. »Sie ist wasserdicht, ihr ungläubiges Pack! Wasserdicht!«

Ich bin der festen Überzeugung, daß dies der größte Augenblick im Leben unseres Kapitäns war.

Das Rendezvous

Es war inzwischen fast dunkel, und die Hauptver-
bindungsstraße nach dem Norden, die A1, die einsamste unter den Autobahnen Europas, lag fast verlassen vor mir. In langen Zeitabständen tauchte hin
und wieder ein riesiger Sattelschlepper aus dem
Dunkel auf – ein höfliches Abblenden der Scheinwerfer, ein plötzliches Aufdröhnen des schweren
Dieselmotors –, und die A1 lag wieder verlassener
vor mir denn je. Dann existierten nur noch das ein-
lullende Summen der Reifen des Jaguars und der
Lichtkegel der starken Scheinwerfer, welche hypno-
tisch das Dunkel vor mir durchschnitten.

Einsamkeit und Schlaf, Schlaf und Einsamkeit. Die
Feinde, die Beifahrer des Mannes am Steuer – der
eine übt das Viertelkilo zusätzlichen Druck auf das
Gaspedal aus, der andere wartet, reglos und immer
wachsam, seine Chance ab, sich selbst hinters Steuer
zu zwängen und es zu übernehmen. Ich kannte die
beiden nur zu gut, und entsprechend war ich vor ihnen auf der Hut.

Aber in dieser Nacht fuhren sie nicht mit mir. Es
gab einfach keinen Platz für sie. Nicht mit so vielen
Mitfahrern. Nicht mit Stella, die neben mir auf dem
Beifahrersitz saß, Stella mit den lachenden Augen
und dem traurigen Herzen; Stella, die in einem deutschen Konzentrationslager den Tod gefunden hatte.
Nicht mit Nicky, dem gutaussehenden jungen

Mann, der es sich auf dem Rücksitz bequem gemacht hatte, oder mit Passière, der nie zu seinen sonnenüberfluteten Weinbergen in Sisteron zurückkehren sollte. Kein Platz für Schlaf und Einsamkeit? Nachdem sich auch noch Taffy, der Schiffsingenieur, quengelnd wie eh und je, und Vizeadmiral Starr mit seinen buschigen Augenbrauen hereingedrängt hatten, war kaum noch Platz für mich selbst.

Ich warf einen kurzen Blick auf die Uhr am Armaturenbrett. Zwei Uhr morgens. Vor neun Stunden war ich in Inverness losgefahren und hatte in der Zwischenzeit nur einmal kurz zum Tanken angehalten. Ich merkte, daß ich ganz schön hungrig war.

Ein paar Meilen weiter blinkten die grellen Farben einer Neonreklame durch den nächtlichen Nieselregen. Eine Autobahnraststätte. Ich bog von der Autobahn ab, parkte neben einem der schweren Lastzüge und hinkte nach drinnen.

In dem hellerleuchteten Lokal war trotz der späten Stunde einiges los; die Hälfte der Tische waren besetzt. Ich holte mir gebratenen Speck mit Eiern und Würstchen und setzte mich an einen leeren Tisch am Fenster.

Nach dem Essen steckte ich mir eine Zigarette an und starrte in den strömenden Regen hinaus, ohne irgend etwas zu sehen. Nur hin und wieder konnte ich das Rumpeln und Zischen eines Lastzugs oder eines Nachtbusses auf der A1 vorbeirauschen hören.

Die Große Straße nach dem Norden. Das Vorspiel zu so vielen glanzvollen Höhepunkten meines Lebens – die langen italienischen Sommer auf dem

Schiff meines Vaters, Oxford und das Jurastudium, die Marinekasernen in Portsmouth. All die anderen Male, kam mir zu Bewußtsein, hatte Ungewißheit geherrscht. Und das traf auch auf dieses Mal zu. Doch waren all die anderen Male von freudiger Erregung und gespannter Erwartung geprägt gewesen, so gaben diesmal nur nagende Zweifel, düstere Vorahnungen und langsam wachsender Ärger den Ton an.

Wieder einmal zog ich Nicks Telegramm aus meiner Tasche.

NUR DIE TÜCHTIGEN STERBEN FRÜH STOP HALLELUJAH STOP DER TEUFEL SIEHT SCHON NACH DEN SEINEN STOP INZWISCHEN ERFOLGREICHER BESITZER VON ÖLQUELLEN STOP WOHNE IM SAVOY STOP MIT ALL DEN ANDEREN MILLIONÄREN STOP RRR

Nicky

Ich stieß das Telegramm wieder in meine Tasche zurück. RRR. Der Code des Special Service. »Wo sollen wir uns treffen?« hatte ich zurücktelegraphiert. ERWARTE DICH IM SAVOY MITTWOCH NEUNZEHN UHR.

Selbst jetzt war mir noch nicht klar, warum ich es eigentlich getan hatte. Aber es mußte wohl sein. Hierbei handelte es sich noch um eines der wenigen losen Enden in dem verworrenen Knäuel meines Lebens, und ich war fest entschlossen, es abzuschneiden. Mut, Angst, Neugier, Wut – all diese Regungen hatten mit dieser Entscheidung nichts zu tun. Da war nur der einfache Drang, daß diese Geschichte endgültig bereinigt werden mußte.

Ich zahlte, stieg wieder in meinen Jaguar, bog auf die A1 ein und fuhr weiter in Richtung Süden.

Ich war etwas durcheinander. Dieser Satz mit dem Teufel – der Teufel sieht schon nach den Seinen – diesen Ausdruck hatte er von mir übernommen; das konnte ich noch verstehen. Er hatte die flammende Eruption aus sich auflösendem Stahl und brennendem Öl gesehen, als die Bombe der Heinkel genau in den Maschinenraum von F149 eingeschlagen hatte. Eigentlich hätte ich nicht mehr am Leben sein dürfen, hatte der Chirurg gesagt – jedenfalls hatte er mein zersplittertes Bein und meinen zerquetschten Arm noch ganz gut zurechtflicken können.

Aus dem Rest des Telegramms wurde ich allerdings nicht ganz klug. Es war zu freundlich im Ton. Sogar um einiges zu freundlich für einen Mann, der, als wir uns zuletzt – fünf Minuten vor der Explosion – gesehen hatten, an einem verlassenen toskanischen Strand auf der falschen Seite meiner Dienstwaffe, eines 45er Colts, gestanden hatte. Ich konnte ihn jetzt noch vor mir sehen – den langsam nachlassenden Ärger in seinen Augen, das ungläubige Staunen, die unbeteiligte Maske. Ich hatte vor ihm gestanden und hatte versucht, ihn zu hassen – und ich sollte kläglich scheitern –, während ich auch gleichzeitig versucht hatte, mich selbst nicht zu hassen. Auch in diesem Punkt hatte ich nur einen Mißerfolg verbuchen können. Und ich konnte jetzt noch sein Versprechen hören, das er in ruhigem, fast beiläufigem Ton äußerte: »Vergiß nicht, Mac – eines Tages wirst du noch von mir hören.«

Ich seufzte. Unser erstes Treffen war ziemlich anders verlaufen. Ich drückte auf den Schalter am Armaturenbrett. Zwei Uhr fünfundvierzig. Noch zweihundert Meilen bis London. Ich schob den Hebel etwas vor und gab mehr Gas.

Malta, 1943. Die Georgskreuz-Insel. Die Insel von Glauben, Hoffnung und Liebe – die drei hoffnungslos veralteten Jagdflugzeuge, bereit, gegen die übermächtigen Luftgeschwader der Achsenmächte anzutreten. Malta. Die arg mitgenommene Hauptstadt La Valetta und ihr Grand Harbour, Zielhafen einiger weniger, höchst glücklicher Handelsschiffe sowie der spießrutenlaufenden Minenleger, der U-Boot-Tanker und der unsterblichen ›Ohio‹.

An jenem Frühlingsmorgen war allerdings vom Krieg nicht das geringste zu spüren. Alles war sehr friedlich und still und in helles Sonnenlicht getaucht, als ich das Hauptquartier der Admiralität betrat.

»Lieutenant McIndoe wünscht Admiral Starr zu sprechen?« wiederholte der diensthabende Unteroffizier an der Rezeption. »Diesen Gang runter, Sir, und dann die erste Tür links. Im Augenblick ist er gerade allein.«

Ich klopfte und trat ein. Der große, kahle Raum mit Rolläden und von Karten übersäten Wänden wurde vollkommen von der imposanten Gestalt beherrscht, welche hinter dem einzigen Tisch saß. Sicher seine zwei Zentner schwer, rotgesichtig, weißhaarig und mit buschigen Augenbrauen, hatte sich Vizeadmiral Starr schon zu Lebzeiten legendären Ruf erworben. Er hatte das Gesicht und den Ausdruck eines Hirten, einen messerscharfen Verstand und ein tiefverwurzeltes Unverständnis all jenen gegenüber, die seine und ihre kostbare Zeit mit unnützen Reden vergeudeten.

Er legte ein paar Papiere in einem Ordner ab und deutete auf einen Stuhl.

»Morgen, McIndoe. Haben Sie Ihren Befehl ausgeführt?« erkundigte er sich.

»Wie Sie befohlen haben, Sir«, erwiderte ich vorsichtig. »Kanonenboot F149 ist vollständig abgetakelt. Die zusätzlichen Treibstofftanks sind angebracht; außerdem wurden gestern die nötigen Funkanlagen installiert. Das Boot ist aufgetankt, mit Lebensmittelvorräten ausgestattet und kann jederzeit in See stechen.«

Er nickte zufrieden. »Und Ihre Besatzung?«

»Nur die besten Leute, Sir. Erfahren und absolut zuverlässig.«

»Gut.« Er stand auf. »Setzen Sie sich heute abend mit Ravallo in Verbindung; von ihm werden Sie dann Ihre endgültigen Anweisungen erhalten.«

»Ravallo, Sir?«

»Major Ravallo von der US-Army. Ein Superspionageagent und mit Abstand die beste Leihgabe, die wir uns nur wünschen können. Betrachten Sie ihn von jetzt an als Ihren unmittelbaren Vorgesetzten.«

Dies betrachtete ich unverhohlen als eine Kränkung. »Soll das heißen, Sir, daß...«

»Das ist ein Befehl«, unterbrach mich der Admiral knapp. »Außerdem«, fügte er dann schmunzelnd hinzu, »wird Ravallo Sie mit offenen Armen in Empfang nehmen. Das letzte Mal, als er von Sizilien zurückkam, mußte er die letzten zwei Meilen schwimmend zurücklegen. Ich kann Ihnen sagen, der Bursche war ganz schön sauer.«

»Durchaus verständlich, Sir. Soll ich Ravallo hier treffen?«

Admiral Starr hustete. »Nein, nicht gerade hier. Major Ravallo ist schließlich Amerikaner.« Er brachte dies in einem Tonfall hervor, als erklärte dies bereits alles. »Er ist deshalb nicht unseren Disziplinarvorschriften unterworfen. Sie werden ihn um sechs Uhr in der Triannon-Bar antreffen.«

»Genehmigen Sie sich doch noch einen, Mac«, drängte mich Nicky Ravallo freundlich. »Sie werden das heute nacht gebrauchen können.«

Major Ravallo, fand ich, wäre in Hollywood sicher bestens angekommen. Mit seinem dunklen, leicht zerzausten Haar, den von Lachfältchen umgebenen blauen Augen, der tiefgebräunten Gesichtshaut, den strahlend weißen Zähnen und nicht zuletzt mit dem bunt zusammengewürfelten Mischmasch von Uniform, das wohl zur Gänze ein Produkt der Fantasie ihres Trägers war, bot er sich regelrecht für die Rolle eines Piraten oder eines zweiten d'Artagnan an. Allerdings nahm der fesche Herr Major, wie es mir schien, den Krieg etwas zu sehr auf die leichte Schulter; zudem hatte ich die Kränkung immer noch nicht überwunden, dem Befehl eines Amerikaners unterstellt zu werden, der sich darüber hinaus noch, wenn auch freundlich lächelnd, weigerte, mich in die Details der bevorstehenden Operation einzuweihen, bevor wir nicht in See gestochen wären.

»Nein danke«, erwiderte ich kurz angebunden. »Bisher habe ich noch nie das Bedürfnis verspürt, mir vor einer Operation Mut anzutrinken. Und von dieser Gewohnheit werde ich auch jetzt nicht ablassen.« Mir war klar, daß mein Benehmen alles andere als höflich war.

»Wie Sie meinen, Scotty.« Ravallo zeigte sich durch meine schroffe Absage nicht im geringsten gekränkt, sondern zeigte sich wie eh und je von seiner leutseligsten Seite. »Soviel Starr mir erzählt hat, gelten Sie als Spezialist für die Küsten Italiens sowie für die italienische Sprache; außerdem sollen Sie der tüchtigste Kanonenbootkommandant weit und breit sein. Das ist genau das, was ich brauche. Kommen Sie.«

Schweigend gingen wir durch die von weißgekalkten Häusern gesäumten Straßen zum Hafen hinunter, und schweigend fuhren wir mit dem bedrohlich offenen Aufzug die Felswand in das Dunkel zu Christi Fußabdrücken hinunter. Dann ließen wir uns zu Kanonenboot F149 hinausrudern, das am anderen Ende des Angelo-Creek vor Anker lag.

An Bord machte ich Ravallo mit meiner Besatzung bekannt – mit Taffy, Passière, Hillyard, Johnson,

Higgins und Wilson, meinem Stellvertreter. Sie schienen durch Ravallo sichtlich beeindruckt, wie dieser umgekehrt auch von meinen Leuten, obwohl ich nicht gerade begeistert zur Kenntnis nahm, daß er sich mit der jovialen Aufforderung an sie wandte: »Nennt mich einfach Nicky, Jungs!« Am Ende würden sie anfangen, mich ›Sammy‹ zu nennen, wobei ich nicht recht wußte, ob mir das gefallen hätte.

»Wie kommt es, daß sich unter Ihrer Besatzung ein Passière befindet?« fragte mich Ravallo, als wir wieder allein waren. »Das ist doch kaum ein angelsächsischer Name.«

»Wie Ravallo zum Beispiel?« hielt ich dem entgegen.

Er lachte. »Dagegen läßt sich allerdings nichts einwenden. Aber trotzdem«, ließ er nicht locker, »wie kommt er auf dieses Boot?«

»Er ist ein freier Franzose«, erklärte ich ihm. »Tausende von ihnen kämpfen auf unserer Seite – meistens sogar auf ihren eigenen Schiffen. Er ist ein Flüchtling aus dem Vichy-Frankreich, außerdem Träger des *Croix de Guerre* und so in etwa der beste Funker, den ich je kennengelernt habe. Ich hoffe«, fügte ich zuckersüß hinzu, »Sie haben nichts gegen die Anwesenheit von Angehörigen nicht-britischer Nationen an Bord dieses Schiffs einzuwenden?«

»Natürlich nicht«, lachte er. »Und entschuldigen Sie meine neugierigen Fragen.« Er fuhr sich reuig mit seiner Hand durch sein dichtes, schwarzes Haar und grinste mich fragend an.

Zum erstenmal lächelte ich ebenfalls.

Eine Stunde später passierte die F149 die Einfahrt des Hafens von La Valetta. Ravallo war bei mir im Ruderhaus; er saß auf einem Klappstuhl und rauchte schweigend.

Plötzlich ergriff er das Wort.

»Wir fahren nach Sizilien, Mac. Das Rendezvous findet um Mitternacht zwei Meilen nordwestlich von Cap Passero statt. Alles klar?«

Ohne etwas zu erwidern, beugte ich mich über meine Seekarten und Tabellen.

»Halbe Kraft, Chef«, gab ich dann an Wilson durch. »Kurs null-fünf-null. Hillyard und Johnson auf Wache, verstanden?«

»Aye, aye, Sir.«

Ravallo sprang auf.

»Hey, was soll das denn?« wollte er wissen. »Halbe Kraft? Hören Sie, wir müssen absolut pünktlich am Treffpunkt sein! Mitternacht, habe ich gesagt, Scotty, Mitternacht – nicht morgen früh. Das letzte Mal habe ich von Sizilien bis hierher vierzehn Stunden gebraucht. Zwei davon habe ich allerdings schwimmend zugebracht«, fügte er bitter hinzu.

Wilson und ich grinsten uns gelassen gegenseitig zu.

»Chef, ich fürchte fast«, bemerkte ich betrübt, »daß sich hier ein Zweifler unter uns befindet. Der Herr Major und ich machen mal einen kleinen Ausflug aufs Vorschiff. Sagen Sie Taffy, er soll mal für kurze Zeit ordentlich aufdrehen – nur zu Demonstrationszwecken.«

So kurz die nun folgende Vorstellung war, erfüllte sie doch hinreichend ihren Zweck. Der hypnotische Effekt des seitlich vorbeischießenden Wassers und der enormen Bugwelle in Verbindung mit dem rein körperlichen Schock des heftigen Vibrierens der Deckplatten, das einen bis auf die Knochen durchdrang, und dem wilden Dröhnen der gewaltigen Maschinen war einfach überwältigend.

Ravallo brach schließlich das Schweigen.

»Ich muß Sie neuerlich um Entschuldigung bitten, Mac.« Sein Gesicht erstrahlte in seliger Erinnerung. »Mein Gott, Mac, das muß ja eines der letzten großen Abenteuer sein, die es auf dieser Welt noch gibt. Wieviel macht der Kahn – fünfundvierzig, fünfzig Knoten?«

»Das ist streng geheim«, erklärte ich feierlich. »Aber im Ernst – Sie brauchen sich jedenfalls keine Sorgen zu machen, daß sich auf der Oberfläche des Mittelmeers irgend etwas bewegt, das uns einholen könnte. Und weil wir schon dabei sind – wie wäre es, wenn Sie langsam mit ein paar weiteren Informationen herausrücken würden, Herr Major?«

»Nicky«, verbesserte er mich abwesend. »Also gut, Mac, die Sache ist folgende: Diese Geheimnistuerei ist keineswegs nur zum Spaß. In diesem Fall ist strengste Geheimhaltung ein absolutes Muß. Wissen Sie, wie viele Agenten wir allein dieses Jahr in Italien verloren haben?« fragte er bedächtig, »Sechsundzwanzig.« Er hieb ganz behutsam mit seiner Faust auf die Reling; seine Augen waren stet, seine Stimme ruhig.

»Sechsundzwanzig«, wiederholte ich. »Das ist doch unmöglich.« (Keiner von uns konnte in diesem Augenblick wissen, daß die Briten allein in Holland bereits zweimal so viele Leute verloren hatten. Und alle hatten den Tod gefunden.)

Er schien mich gar nicht zu hören.

»Ein paar durch natürliche Umstände«, fuhr er fort. »Vielleicht ein halbes Dutzend durch Denunziation. Und den Rest«, er deutete nach vorn, »tja, dafür haben wir Ihr Boot.« Er machte eine Pause.

»Und weiter?« Langsam wurde ich neugierig.

»Diese deutschen und italienischen Funküberwachungsstationen«, fuhr er mit seinen Ausführungen fort. »Fast sämtliche Informationen werden über Funk weitergegeben. Und diese Funksprüche lassen sich selbstverständlich vom Feind ebensoleicht auffangen wie von uns. Ein paar Kreuzpeilungen und – hopps!«

»Aber Sie haben immer noch nicht erklärt...«

»Dazu komme ich gerade. Wir haben nun vor, unsere Agenten mit schwachen Sendern für den Nahbereich auszurüsten, die das Risiko, abgehört zu werden, um neunzig Prozent reduzieren. Sie werden also mit Ihrem Boot bis auf zwei oder drei Meilen an die Küste heranfahren, damit wir die Funksprüche unserer Agenten mit dem Nahbereichsempfänger auffangen können, um sie dann über RCA an die Zentrale weiterzuleiten. Starr meint, er könnte bis Jahresende sechs solcher Boote zum Einsatz bringen.«

»Aha! Langsam geht mir ein Licht auf. Daß ich darauf nicht schon früher gekommen bin! Jedenfalls könnte das Ganze klappen.«

»Es *muß* klappen«, entgegnete Ravallo ernst. »Wir haben bereits zu viele unserer besten Agenten verloren.«

Wir saßen noch eine Weile schweigend nebeneinander an Deck und rauchten unsere letzte Zigarette für diesen Tag. Schließlich schnippte Ravallo die seine über Bord und erhob sich leichtfüßig.

»Mac?«

Ich drehte mich nach ihm um.

»Hätten Sie was dagegen, wenn ich mir mal die Funkkabine näher ansehe?«

»Aber keineswegs. Passière ist außerdem sowieso gerade beim Abendessen.«

Darauf ließ er mich allein zurück. Ich blieb noch ein paar Minuten sitzen und ließ mir das von Ravallo Gesagte durch den Kopf gehen. Dann machte ich mich daran, das Schiff zu verdunkeln.

Nach dem Abendessen gingen wir ins Ruderhaus. Ich übernahm von Wilson das Steuer, worauf dieser unter Deck ging. Die See war glatt wie ein Spiegel, und wir hatten diese Nacht keinen Mond. Die Bedingungen waren also ideal.

Ich sah auf meine Uhr. Dreiundzwanzig Uhr. Ich hätte gern noch eine Zigarette geraucht.

»Was passiert eigentlich bei unserem Rendezvous, Nicky?« fragte ich Ravallo.

»Wir nehmen einen Agenten an Bord«, entgegnete er knapp. »In der Umgebung von Syrakus wird unseren Leuten in letzter Zeit der Boden verdammt heiß unter den Füßen.«

»Ein Freund von Ihnen?«

»In gewisser Hinsicht, ja. Allerdings kann man es sich in meinem Job nicht leisten, Freunde zu haben«, erklärte er ruhig. »Das bringt zu viele schmerzliche Abschiede mit sich. Außerdem«, er machte eine kurze Pause, »erweckt Stella nicht gerade den Eindruck, als wäre sie an meiner... äh... Freundschaft sonderlich interessiert.«

»Stella?« Ich warf ihm einen kurzen Blick zu. »Wollen Sie damit sagen...«

»Ja, er ist eine Sie.« Nicky verlor wirklich kein Wort zuviel. »Warum auch nicht? Sie ist eine unserer besten Leute – zudem erregt sie nicht so schnell Verdacht. Sie ist vor zwei Monaten eingeflogen worden. Mit dem Fallschirm abgesprungen.«

Das ließ ich mir kurz durch den Kopf gehen.

»Demnach spricht sie also fließend Italienisch?«

»Na, und ob.« Nicky mußte grinsen. »Sie ist schließlich in Livorno geboren.«

»Eine Italienerin!« Ich schnitt eine angewiderte Grimasse. »Na ja, die Bezahlung läßt sich vermutlich sehen.«

In zwei raschen Schritten stand er plötzlich vor mir, und ich spürte seine Hand an meiner Schulter.

»Nehmen Sie sich in acht, Scotty«, murmelte er leise. »Und hüten Sie vor allem Ihre Zunge. Sie ist ebenso amerikanische Staatsbürgerin, wie ich das bin.«

Ich machte mir stille Selbstvorwürfe und entfernte behutsam seine Hand von meiner Schulter.

»Sieht ganz so aus, als ob wir heute nacht einen neuen Rekord in gegenseitigen Entschuldigungen aufstellen würden, Nicky«, erklärte ich. »Wirklich dumm von mir. Nehmen Sie's mir also bitte nicht so übel, ja?«

Wir verbrachten eine Stunde stetig anwachsender Anspannung, während wir auf das Rendezvous warteten. Nicky war, wie mir keineswegs entging, sichtlich aufgeregt und besorgt, was eigentlich sonst gar nicht seine Art war.

Kurz nach ein Uhr hörten wir das stechende Knattern eines kleinen Außenbordmotors. Ein dreieinhalb Meter langes Skiff mit zwei dunklen Gestalten an Bord tauchte aus dem Dunkel auf und glitt in einem eleganten Bogen längsseits. Ein schwacher Stoß, ein Paar ausgestreckter Arme, ein kräftiger Ruck – und im nächsten Augenblick entfernte sich das kleine Boot auch schon wieder, während auf Deck eine zierliche Gestalt in Windjacke und Hose stand und von der Kälte unwillkürlich zitterte.

Nickys Stimme war heiser und leise. Vielleicht vor Erleichterung, vielleicht auch vor Wut.

»Du hast dich verspätet – und das nicht gerade wenig. Wie oft soll ich dir eigentlich noch sagen, daß du ein Boot in feindlichen Gewässern nicht warten lassen kannst? Vermutlich mußtest du dir wieder deine entzückende, kleine Nase pudern.«

»Es tut mir ja leid, Nicky«, entschuldigte sie sich.

Ihre Stimme war warm und weich und leicht rauchig. »Johnny hat im Treibstofftank ein Leck entdeckt. Er mußte umkehren, um noch einmal aufzu...«

»Ruhe!« zischte ich.

Wütend fuhr Nicky mich an: »Jetzt hören Sie aber mal, Mac; das ist schon das zweitemal...«

»Halten Sie den Mund und hören Sie lieber!«

Und diesmal hörten sie es auch – ein unterdrücktes Knarzen, unheilvoll und heimlich.

»Mein Gott, ein Leck im Treibstofftank!« stieß ich bitter hervor. »Er ist noch mal umgekehrt, um seinen Kumpels die Richtung anzugeben. Bringen Sie sie in meine Kajüte, Nicky, schnell.«

Sie riß sich von ihm los und packte mich am Rockaufschlag.

»Sehen Sie zu, daß Sie so schnell wie möglich hier wegkommen«, flüsterte sie. »Die Deutschen haben zwei schnelle Motorbarkassen im Hafen liegen. Sie sind bewaffnet. Sie sind rund um die Uhr bemannt und...«

»Bringen Sie sie nach unten«, unterbrach ich sie und entfernte ihre Hand von meinem Rockaufschlag. »Und sehen Sie vor allem auch zu, daß sie dort bleibt.«

Die Besatzung von F149 war bestens aufeinander eingespielt. Ein paar leise hervorgestoßene Kommandos, und wir pflügten bereits mit nahezu zwanzig Knoten durch das Wasser, während gleichzeitig unsere Backbord- und Steuerbordmagnesiumraketen in elegantem Bogen in den Nachthimmel aufstiegen. Wilson stand hinter dem Suchscheinwerfer, und jedes Geschütz war bemannt.

Sie kamen zu dritt hinter uns her – winzige Nuß-schalen von Ruderbooten, jedes mit drei Soldaten – Deutsche, nahm ich an – bemannt, jeder mit einer Schwimmweste ausgerüstet und bis über die Zähne bewaffnet. Jedenfalls gaben sie mit Sicherheit das bedrohlichste Enterkommando ab, das ich seit langem gesehen hatte. Aber wir würden keine sonderlichen Probleme mit ihnen haben.

Ich stoppte vorübergehend die Maschine, kurbelte ein Fenster herunter, schrie der Besatzung zu, in Deckung zu gehen, rief schließlich Taffy ›Volle Kraft voraus!‹ zu und riß das Boot dann in einer abrupten Wende herum.

Zwanzig Sekunden später war alles vorbei. Eine kurze Salve aus mehreren Karabinern – ein paar Geschosse prallten von den kugelsicheren Fenstern des Ruderhauses ab –, ein paar Fünfundzwanzig-Knoten-Rennwenden, und die drei Boote waren mit Wasser vollgeschlagen und gekentert. Wir hielten an, um ein paar bedripste Soldaten aus dem Wasser zu fischen – Gefangene waren im Hauptquartier immer willkommen – und gingen dann auf südwestlichen Heimatkurs.

Erst jetzt merkte ich, daß Nicky und Stella bei mir im Ruderhaus waren.

»Ich habe Ihnen doch gesagt, unter Deck zu gehen«, fuhr ich sie wütend an.

»Keine Sorge!« rief Nicky begeistert. »Das konnten wir uns doch nicht entgehen lassen.«

»Bitte tun Sie, was ich Ihnen gesagt habe. Hier sind Sie mir nur im Weg«, entgegnete ich kühl. »Higgins wird Ihnen Kaffee und ein paar Sandwiches bringen.«

Als ich mich eine halbe Stunde später zu den beiden gesellte, hatten sie den Kaffee und die Sandwiches noch immer nicht angerührt. Stella saß auf meiner Koje. Jetzt erst sah ich zum erstenmal ihr Gesicht, und nicht einmal die grelle Deckenbeleuchtung vermochte ihren makellosen Zügen, der gebräunten Haut, der klassischen Nase und ihrem zu dicken Zöpfen geflochtenen, in seidigem, tiefem Schwarz schimmernden Haar Abbruch zu tun – ebensowenig, wie dies auch ihre tränenüberströmten Augen und Wangen schafften.

»Gütiger Gott«, seufzte ich erschöpft. »Was ist denn nun wieder los?«

»Berufliche Meinungsverschiedenheiten«, erklärte Nicky kurz angebunden. Sein schwarzes Haar war zerzauster denn je. »Hören Sie, Mac, irgendwo muß etwas schiefgelaufen sein. Da kaum anzunehmen ist, daß irgend etwas aus dem Hauptquartier an die Gegenseite durchgedrungen ist, muß also Stella die Ursache sein. Irgendwo, irgendwann, irgendwie muß sie während der letzten zwei, drei Tage einen Fehler gemacht haben. Eine andere Möglichkeit gibt es gar nicht.«

»Ich habe aber keinen Fehler gemacht, Nicky«, flüsterte sie mit leicht belegter Stimme. »Ich schwöre, daß ich keinen Fehler gemacht habe. Nicht einen einzigen. Wirklich, Nicky.«

Er wirkte – und klang auch – ziemlich erschöpft.

»Ist ja schon gut, Stella, ist ja schon gut. Lassen wir die Sache einfach auf sich beruhen.«

Darauf gingen Nicky und ich an Deck und beugten uns über die Reling. Nach einer Minute wandte ich mich ihm schließlich zu.

»Nicky?«

»Ja.«

»Sie verdächtigen sie doch nicht im Ernst?«

Langsam wandte er sich mir zu und sah mich an.

»Wie blöd sind Sie eigentlich wirklich, Scotty?« Seine Stimme war kalt und feindselig. Er wandte sich abrupt ab und ließ mich allein mit meinen Gedanken zurück.

Und ich hatte auch genug zum Nachdenken.

»Welchen Reim hat sich Ihrer Meinung nach wohl Admiral Starr auf das Ganze gemacht?« fragte mich Nicky.

Ich trank meinen Benedictine leer, stellte nachdenklich mein Glas ab und lächelte ihn an. Acht Stunden Schlaf hatten unser beider Stimmung erheblich verbessert.

»Schwer zu sagen. Er ist ein zurückhaltender alter Kauz. Aber wenn Sie mich fragen, tappt er nicht weniger im Dunkeln als wir.«

»Genau das habe ich mir gedacht. Hallo, da ist ja Stella.«

Er nickte in Richtung Eingangstür des Triannon und winkte.

Und sie war diese Begrüßung eindeutig wert,

dachte ich nüchtern. In ihrem schlichten, weißen Kostüm und ohne jeden störenden Schmuck bot sie wirklich den Anblick eines absolut liebens- und begehrenswerten Mädchens, was sie ja auch durchaus war.

Nicky mußte mein Mienenspiel beobachtet haben.

»Sie kann sich wirklich sehen lassen, was, Mac?«

Ich nickte bedächtig, ohne mich weiter zu diesem Thema zu äußern.

»Kein Wunder, wenn die gesamte männliche Hälfte der Menschheit sich in sie verlieben würde«, murmelte er darauf. Das Lächeln auf seinen Lippen war fast eine Frage. »Sie eingeschlossen, Mac.«

»Kann schon sein«, erwiderte er ruhig.

Darauf sah er mich mit einem neugierigen, rätselhaften Gesichtsausdruck an.

»Das würde ich Ihnen allerdings nicht raten, mein Freund«, grinste er mich an. »Wie bereits gesagt, Mac; in unserem Job wäre so etwas mit zuviel Kummer verbunden. 'n Abend, Stella.« Er lächelte ihr zu und wandte sich dann an den Barkeeper. »Für die Dame einen Dubonnet, bitte.«

Darauf verlief unsere Unterhaltung für ein paar Minuten eher sprunghaft und oberflächlich. Ich steckte mir eine Zigarette an und sagte nach einem kurzen Blick in den Spiegel hinter der Bar unvermutet: »Sie beide scheinen sich ja inzwischen wieder ganz gut zu vertragen.«

»Ja«, lächelte Stella.

»Das habe ich mir auch gedacht.« Ich streckte meinen Arm aus und löste entschlossen Nickys Hand von der Stellas, da ich ihn nämlich im Spiegel bei diesem zärtlichen Manöver beobachtet hatte.

»Ah, ah, Major Ravallo!« schüttelte ich streng den Kopf. »Nicht anfassen! Nicht in unserem Job. Das bringt zuviel Kummer mit sich, haben Sie doch selbst gesagt.«

Die beiden sahen erst sich an, dann mich, und brachen schließlich in heiteres Gelächter aus.

Plötzlich fühlte ich mich müde. Nicht schläfrig – nur müde. Der Regen hatte aufgehört, und der Mond mühte sich damit ab, zwischen den Wolken durchzubrechen. Die Uhr stand auf vier Uhr fünfzehn. Noch hundert Meilen bis London.

Es war das erste und das letzte Zusammensein mit Nicky, wurde mir bewußt, das sich so deutlich in meiner Erinnerung eingegraben hatte. Die Jahre dazwischen erschienen mir im Vergleich dazu in einem kaleidoskopischen Gewirr relativ vager Eindrücke verschwommen.

Wir drei – Stella, Nicky und ich – waren uns ziemlich rasch nähergekommen. Und zusammen mit der Besatzung von F149 hatten wir ein großartiges Team gebildet – zumindest anfangs. Dreimal war unsere Operationsbasis verlegt worden – Palermo, dann Salerno und schließlich Neapel. Elfmal hatten wir die beiden, einzeln oder gemeinsam, an feindlichen Stränden abgesetzt und sie jedesmal auch ohne Probleme wieder abgeholt. Der aufopferungsvolle Einsatz meiner Besatzung – insbesondere Wilsons und Passières, die zweimal auf eine Beförderung verzichtet hatten – war wirklich höchst außergewöhnlich gewesen.

Aber gegen Ende zu ging es – in verschiedener Hinsicht – bergab. Immer seltener, konnte ich ganz deutlich feststellen, blitzte dieses Lachen in Stellas Augen auf. Sie war abgemagert und wirkte einerseits häufig angespannt und verkrampft, während sie an anderen Tagen lustlos und verzagt war. Kaum eine Woche verging, in der sie nicht amerikanische Bomber alle möglichen Ziele in ihrer alten Heimat in Schutt und Asche legen sah. Zweimal geschah dies meines Wissens sogar auf Informationen hin, welche sie selbst beschafft hatte. Jedenfalls muß es für sie die Hölle gewesen sein.

Auch Nicky hatte sich verändert. Die gutgelaunte, umgängliche Art seiner Tage in Malta war verschwunden. Schweigsam und wenig mitteilsam legte sich kaum noch einmal ein Lächeln über seine Lippen. Schließlich war Italien auch seine Heimat. Vielleicht lag es auch an Stella, obwohl ich mir ziemlich sicher war, daß dies nicht der Grund war. Nach seinem kurzen Ausrutscher in Malta hielt Nicky sich wieder an seine eigenen Prinzipien und wappnete sich ihr gegenüber in Gleichgültigkeit. Kaum, daß sie sich einmal miteinander unterhielten, ohne zu zanken.

Wieder einmal war im Winter 1943 ein gemischtes Bataillon aus Rangers und Commandos in einem überschlagenden Einsatz in einer ruhigen Bucht an Land gegangen, die vom Hauptquartier ausgesucht und von Nicky und Stella als klar deklariert worden war. Der letzte Mann hatte noch keine halbe Stunde das Ufer betreten, als das Bataillon von einer deutschen Panzerdivision vollständig aufgerieben worden war. Dabei hätte es sich natürlich auch um einen Zufall handeln können.

Einen Monat später war der umfangreichste Abwurf an Waffen und Munition des gesamten Krieges in die Hände der Deutschen gefallen. Die wartenden Partisanen waren vernichtet worden – bis auf den letzten Mann. Auch hierbei hätte es sich um einen Zufall handeln können, wenn sich dadurch auch nicht erklären hätte lassen, wie die korrekten Erkennungssignale und die vereinbarte Anordnung der Leuchtfeuermarkierungen in die Hand der Feinde geraten waren.

Schließlich – der Frühling ging in den Sommer über – waren von F149 in der Nähe von Civitavecchia acht Agenten abgesetzt worden. Drei Nächte hatten wir auf irgendwelche Lebenszeichen von ihnen gewartet. Doch wir fingen keinen einzigen Funkspruch von ihnen auf. Es war nicht allzu schwer, daraus zu schließen, was geschehen war.

Es begann zu tagen auf der A1, aber meine düstere Stimmung vermochte der anbrechende Tag keineswegs zu heben. In meinem Herzen breitete sich erneut dieselbe namenlose Traurigkeit und Schwere aus, die ich auch an jenem glühendheißen Sommernachmittag verspürt hatte, als ich in Neapel zu Admiral Starrs Büro unterwegs war. Zumindest unbewußt war mir sehr wohl klar, weshalb er mich zu sich bestellt hatte.

Auch Admiral Starr hatte sich verändert. Er wirkte müder, sein Gesicht war noch faltiger geworden. Und er legte eine geradezu brutale Offenheit an den Tag.

»›Verrat‹ ist ein häßliches Wort, McIndoe«, begann er düster. »Aber nun ist der Zeitpunkt gekommen, um es in den Mund zu nehmen. Tausende von unseren britischen und amerikanischen Soldaten werden Monat für Monat verwundet und getötet. Angesichts dieser Tatsache dürfte sich eine besondere Behutsamkeit, was unsere Wortwahl betrifft, wohl erübrigen, einverstanden?«

Ich nickte stumm.

»Wir haben keinerlei Beweise«, fuhr der Admiral darauf bitter fort. »Nicht einmal einen Anhaltspunkt. Aber soviel ist mir klar: Unter diesen drei ›Zufällen‹ ist einfach einer zuviel. Zudem wurde nach dem Massaker an diesem Bataillon der gesamte Sicherheitsstab des Stützpunkts ausgewechselt. Das sollte allerdings nichts nützen. Die undichte Stelle muß sich irgendwo in Ihrem Umkreis befinden, McIndoe. Alles deutet darauf hin.« Er schwieg, wobei ein gequältes Lächeln seine Lippen überflog. »Ich dürfte ja wohl über jeden Verdacht erhaben sein.«

Er blickte auf seine Hände hinab.

»Ravallo und seine Freundin sind beide Italo-Amerikaner«, fuhr er schließlich bedächtig fort. »Der Nachrichtendienst der US-Army schwört zwar, daß die beiden absolut loyal sind. Aber ich bin mir dessen keineswegs so sicher. Und Sie ebenfalls nicht, McIndoe, wenn ich mich nicht irre.«

Er sah mich unter seinen buschigen Augenbrauen hervor an; sicher interessierte ihn, wie ich diese Behauptung aufnahm.

»Sie werden sich morgen in Anzio mit ihnen treffen«, fuhr er barsch fort, nachdem ich neuerlich nichts gesagt hatte. »Sie werden ihnen mitteilen, daß dies aufgrund einer undichten Stelle im Hauptquartier ihr letzter Auftrag sein wird. Sie werden sie in dem Glauben bestärken, daß es sich dabei um eine ganz normale Mission handelt, die vom Sicherheitsstab unseres Stützpunkts organisiert worden ist. Das ist jedoch nicht richtig. Allerdings wissen das nur Sie und ich, McIndoe. Es steht beiden frei, zu tun und zu lassen, was sie wollen, bis sie an Bord von F149 gegangen sind. Verstanden?«

»Jawohl, Sir.«

»Können Sie Ihrem Maschinisten und Ihrem Funker trauen?«

»Das versteht sich von selbst, Sir.«

»Gut. Dann werden Sie diese beiden – und nur diese beiden – ins Vertrauen ziehen. Mag dies auch nicht unbedingt angeraten erscheinen, so dürfte es sich doch kaum umgehen lassen. Sie dürfen unter keinen Umständen Zugang zu den Signalanlagen an Deck und zur Funkkabine erhalten. Noch Fragen?«

Ich antwortete nicht sofort. Das Wort ›Funkkabine‹ hatte in meinem Kopf eine Bombe gezündet. Und als die einzelnen Trümmer nach der Explosion wieder dem Erdboden entgegensanken, hatten sie sich wie Teile eines Puzzles zu einem einheitlichen und stimmigen Bild zusammengefügt. Ich konnte nicht begreifen, daß ich darauf nicht schon früher gekommen war.

»Keine weiteren Fragen, Sir.« Ich holte tief Atem. Das würde schmerzlich werden. »Wie Sie bereits angedeutet haben, Sir, hatte ich schon einige Zeit einen Verdacht. Es ist Ravallo, Sir.«

Er blickte abrupt auf. »Mein Gott, McIndoe, wie können Sie sich dessen so sicher sein?«

Das erklärte ich ihm nun.

Wir verließen Neapel im Morgengrauen und trafen mittags in Anzio ein. Wilson und Passière hatte ich unterwegs in alles Nötige eingeweiht. Natürlich zeigten sie sich höchst erstaunt und wollten mir erst nicht glauben. Es stand völlig außer Zweifel – sie hatten Nicky und Stella nicht weniger in ihr Herz geschlossen als ich.

Um Mitternacht lag F149 schließlich drei Meilen nördlich von Civitavecchia in Position. Sowohl Ravallo wie Stella waren sehr still – sie waren das schon die ganze Zeit gewesen, seit ich ihnen Bescheid gesagt hatte. Insgesamt machten sie einen erleichterten Eindruck.

Nur Stella sollte an Land gehen. Sie sollte Kontakt mit der örtlichen Partisanengruppe aufnehmen und sich dann so bald wie möglich über Funk bei uns melden. Die Partisanen waren jedoch bereits in der vorigen Nacht von Starr gewarnt worden, sich auf einen Überfall durch die Deutschen gefaßt zu machen. Eigentlich hatte ich erwartet, daß Ravallo energisch protestieren würde, als uns Starr vor ein paar Stunden über Funk die Instruktionen für unseren Auftrag durchgeben hatte lassen. Aber er hatte das Ganze schweigend hingenommen.

Dieser Umstand bestärkte mich in meinem Verdacht gegen ihn. Vermutlich paßte ihm das Ganze hervorragend in den Kram, zumal ich ihn verdächtigte, schon vor unserem Auslaufen in Anzio mit dem Feind Kontakt aufgenommen zu haben. Wie er das allerdings bewerkstelligt haben mochte, war mir nicht klar; jedenfalls hieß es, daß der Ort von Spionen nur so wimmelte. Mit Sicherheit hatte Ravallo seit dem Auslaufen von F149 keine Gelegenheit mehr gefunden, mit irgend jemandem an Land Kontakt aufzunehmen. Dafür hatten Wilson und Passière schon gesorgt.

Stella ging an Land, worauf Hillyard mit dem Beiboot wieder zurückgerudert kam. Drei Stunden später begann es in der Funkkabine zu knistern. Ravallo und ich standen in der Tür der Funkkabine und warteten.

Plötzlich veränderte sich Passières Gesichtsausdruck drastisch. Er wirkte besorgt, beunruhigt. Er lauschte angestrengt und tippte schließlich heftig mehrere Male auf den Übertragungsschalter, um dann aufzuspringen und sich den Kopfhörer herunterzureißen. Seine Hände zitterten.

»Sie haben sie geschnappt!« platzte er heraus. »Sie haben Stella! Gleich nach dem Code und der Bestätigung kam MMR, MMR.« (Das ist der Sondereinheiten-Code für Gefahr.) »Sie hat noch etwas von einem Panzerwagen gesagt. Und dann – nichts mehr.«

Seine rechte Hand fuhr in einer abschneidenden Bewegung nach unten.

Ich fühlte Übelkeit in mir aufsteigen. Waren wir uns also wieder einmal ganz besonders schlau vorgekommen, und dann... Irgendwo mußte etwas schiefgegangen sein. Stella – gefangengenommen! Warum waren die Partisanen nicht an Ort und Stelle gewesen?

Ich warf einen kurzen Blick auf Ravallo. Seine Miene war bar jeden Ausdrucks. Wütend überlegte ich, wie er hätte aussehen sollen. Hatte so Judas ausgesehen? War Nicky Ravallo mit dreißig Silberlingen bezahlt worden?

Gewaltsam riß ich mich in die Gegenwart zurück. Damals hatte ich genau gewußt, was ich nun zu tun haben würde. Ebensogut wußte ich, was dies für mich bedeuten würde – Kriegsgericht. Damals hatte ich mich nicht weiter darum geschert.

Rasch wandte ich mich Ravallo zu.

»Wissen Sie, wohin sie gegangen ist, Nicky?«

»Sicher.« Er war sich über meine Absicht sofort im klaren und sprang noch vor mir in das Beiboot.

Hillyard ruderte uns an Land. Wir sprangen an den steinigen Strand und rannten auf die Bäume dahinter zu. Auf halbem Weg blieb ich abrupt stehen und rief leise:

»Nicky!«

Er drehte sich nach mir um.

»Verdammt noch mal, Scotty, jetzt ist nicht die Zeit...«

Er verstummte mitten im Satz, als er trotz der Dunkelheit den matten Schimmer der 45er in meiner Hand gewahr wurde.

Er blieb reglos stehen.

»Was soll das?« fragte er schließlich ruhig.

»Ich werde bis hierher gehen und keinen Schritt weiter. Ich muß schon sagen, zu deiner schauspielerischen Leistung kann man dir wirklich gratulieren.«

Er gab alles andere als schnell auf, mußte ich zugestehen. Der Ärger, die Ungeduld, die Verblüffung – alles war perfekt inszeniert.

»Bleib, wo du bist!« fuhr ich ihn scharf an. Er hatte einen Schritt auf mich zu gemacht.

»Die einzige Erklärung, die dir noch zusteht, sind die Gründe, weshalb du immer noch am Leben bist. Und die werde ich dir jetzt nennen.

Überläufer, Ravallo, sind nicht immer Unmenschen. Ich mochte dich, Ravallo – in deinen eigenen Worten ausgedrückt, hielt ich dich für einen prima Kerl. Zweitens ist der Krieg kein Grund zur Unmenschlichkeit. Das weißt du ebensogut wie ich. Und ich halte es für unmenschlich, einen Mann zu bitten, gegen sein eigenes Land zu spionieren.«

»Was willst du mir damit eigentlich sagen?« Seine Stimme war nur noch ein Wispern.

»Spar dir die Mühe, Ravallo. Ich hätte dich nach Neapel zurückbringen können«, fuhr ich fort. »Und du weißt sehr genau, was das bedeutet hätte. Das Kriegsgericht – und das Exekutionskommando. Wir hätten dich natürlich auch einfach über Bord werfen können. Aber auch dagegen habe ich mich ausgesprochen. Deshalb bekommst du das, was du Stella nie gegeben hast, Ravallo – eine Chance. Unter deinen eigenen Landsleuten«, schloß ich bitter.

»Vor einem Jahr schon hast du dich selbst verraten, Ravallo. Allerdings ist mir das erst gestern klargeworden. Kannst du dich noch an Passero erinnern? Und an die Ruderboote, mit denen uns die Deutschen in jener Nacht zu entern versuchten? Und erinnerst du dich noch an den Besuch, den du damals der leeren Funkkabine abgestattet hast? Erinnerst du dich noch an die schnellen Barkassen, die nach Stellas Aussagen die Deutschen in Passero hatten? Erinnerst du dich noch daran, Ravallo, erinnerst du dich noch an all das?«

Ich schleuderte die Worte nach ihm, hieb damit auf ihn ein. Doch sie prallten wirkungslos an ihm ab. Er schien wie betäubt und zeigte keinerlei Reaktion. Der Mann war wirklich ein hervorragender Schauspieler.

»Warum haben uns die Deutschen damals nicht verfolgt, Ravallo?« fuhr ich unerbittlich fort. »Wie wurden sie gewarnt, uns ihre schnellen Barkassen nicht hinterherzuschicken? Ich werde es dir sagen, Ravallo. Weil sie nämlich ganz genau wußten, daß sie nicht die geringste Chance gegen uns gehabt hätten. Sie wußten ganz genau, daß sie sich – wenn überhaupt – völlig lautlos an uns heranschleichen mußten. Und weshalb sie das alles wußten? Weil *du* es ihnen gesagt hast, Ravallo. Und außer *dir* gab es auch niemanden, der es ihnen hätte sagen können. *Du* hast als einziger von allen Verdächtigen alle vier Grundvoraussetzungen erfüllt – du kanntest die

Höchstgeschwindigkeit von F149; du wußtest unser Ziel in jener Nacht; du wußtest, wie man ein Funkgerät bedient; und du hattest schließlich auch Zugang zu einem solchen – nämlich dem von F149.«

Darauf gab es nichts zu erwidern, und Ravallo wußte das. Es gab keine Möglichkeit der Verteidigung mehr für ihn, außer daß er einfach alles abstritt. Er sagte lange Zeit kein Wort und stand nur mit gesenktem Kopf am Strand. Der Mond – er war fast voll – war zwischen den Wolken hervorgebrochen, und ich hatte es eilig wegzukommen.

Schließlich hob er langsam den Kopf und sah mich an.

»Prima, wie du dir das alles zurechtgelegt hast, Mac.«

»Das kann man wohl sagen, obwohl es mir lieber wäre, ich hätte diese Rückschlüsse nie zu ziehen brauchen. Aber dann hast du dich heute erneut verraten.

Starr war bis an den Punkt gekommen, daß es nur noch einer von euch beiden sein konnte – du oder Stella. Er ging davon aus, daß du es warst – beziehungsweise habe ich ihn darauf gebracht. Er hat nun die entsprechenden Vorkehrungen getroffen, dir eine Chance zu geben, Stella ans Messer zu liefern. Du warst zu der Überzeugung gelangt, daß sie für dich von keinerlei nennenswertem Nutzen mehr war. Also hast du sie ans Messer geliefert. Du wußtest natürlich nicht, Ravallo, daß im Hauptquartier niemand von unserer Mission wußte, stimmt's? Nur Stella, Starr und ich wußten davon. Und dabei hätte ich mal meinen Kopf darauf gewettet, daß du dieses Mädchen geliebt hast, Ravallo.« Ich sah ihn an und gab mir Mühe, ihn zu hassen. »Und du weißt ganz genau, daß ich so etwas nicht einmal einem Hund hätte antun können.«

Er verzog keine Miene.

»Also hast du sie den Wölfen vorgeworfen? Ist es nicht so, Mac?«

Warum nur waren ihr die Partisanen nicht zu Hilfe gekommen, dachte ich insgeheim. Sie waren doch vorgewarnt worden. Vollkommen unlogischerweise fühlte ich mich schrecklich schuldig und bekam zum erstenmal den bitteren Geschmack des Selbstekels zu spüren. Aber davon ließ ich mir nichts anmerken.

»Ich hatte meine Befehle, Nicky. Außerdem«, fügte ich mit beißender Ironie hinzu, »hätten wir das Ganze ohne deine geschätzte Mithilfe nie in die Tat umsetzen können. Leb wohl.«

Er rief hinter mir her: »Mac!«

Ich drehte mich um.

»Vergiß nicht, Mac, eines Tages wirst du noch von mir hören.«

Eines Tages. Und nun war dieser Tag gekommen.

Nach meiner Ankunft in London um sechs Uhr war ich sofort zu Bett gegangen. Allerdings lag ich noch stundenlang wach und dachte über die ganze Geschichte nach.

Das Ganze war wirklich reichlich verworren und unerklärlich. Warum war er nach dem Krieg von den Besatzungsmächten nicht aufgegriffen worden? Je-

denfalls schien er zu nicht unerheblichem Wohl-
stand gelangt zu sein. Und er hatte doch einiges zu
verlieren. Warum also hatte er dieses Treffen mit mir
herbeigeführt?

Was wollte er, fragte ich mich. Wollte er mir eins
auswischen? Nein, nachtragend war Ravallo nie gewesen. Rache – etwas anderes konnte es nicht sein.
Aber wie? Eine Salve von Revolverschüssen im Foyer
des Savoy? Lächerlich – einfach absurd. Außerdem war Nicky für so etwas viel zu clever. Gegen
Mittag gab ich schließlich auf und fiel in unruhigen
Schlaf.

Neunzehn Uhr. Die Hotelbar des Savoy war voll,
aber ich machte ihn fast auf den ersten Blick aus, was
auch nicht weiter schwierig war, da er der einzige
Mann im Raum war, der Abendgarderobe trug. Er
saß im hinteren Teil der Bar und hatte es typischer-
weise wieder einmal geschafft, einen Tisch für sich
allein zu bekommen – und auch zu behalten.

Ravallo hatte sich nicht verändert, mußte ich feststellen. Immer noch derselbe vitale, dunkelhaarige,
lachende d'Artagnan – und er lachte auch jetzt. Ja,
das Lächeln eines Tigers.

Er sprang von seinem Tisch auf und kam eilends
auf mich zu. Er streckte mir seine Hand entgegen,
und seine weißen Zähne blitzten in einem breiten
Willkommenslächeln auf.

»Mac, altes Haus, da bist du ja!« rief er mir gutgelaunt entgegen. »Mann, oh, Mann, schön, dich wie-
derzusehen!«

»Was nichts anderes heißen kann, als daß du bereits alle Hoffnungen aufgegeben hattest, mich je wieder ausfindig zu machen?« entgegnete ich bedächtig. Ich machte keine Anstalten, seine Hand zu ergreifen, worauf diese sich langsam wieder senkte. Mir wurde verschwommen bewußt, daß wir von Dutzenden neugieriger Hotelgäste beobachtet wurden.

Ravallo lächelte immer noch – wenn auch ein wenig bedauernd. Er bot das perfekte Abbild eines zu Unrecht verkannten Freundes, immer noch gutgelaunt und geduldig. Du spielst deine Rolle wirklich verdammt gut, Ravallo, dachte ich, wirklich verdammt überzeugend.

»Meine Adresse«, fragte ich ihn barsch. »Wie hast du sie herausbekommen?«

»Ganz einfach – über die Admiralität.« Sein Lächeln wurde nun langsam doch etwas gequält. »Du stehst nach wie vor auf der Reservistenliste.«

Daran hätte ich eigentlich denken sollen.

»Nun, wie du siehst, bin ich gekommen. Worum geht's, Ravallo? Eine nette, kleine italienische Messerstecherei? Vielleicht mit einem deiner Kumpel von der Mafia? Was willst du, Ravallo?«

»Etwas mehr Höflichkeit, Scotty.« Sein Lächeln war inzwischen gänzlich verflogen. »Und fünf Minuten deiner kostbaren Zeit – wenn es dir möglich sein sollte, dich für diesen Zeitraum wie ein vernünftiger Mensch zu benehmen. Hier ist mein Tisch. Wie wär's mit einem Drink?«

»Der Umstand, daß neun Jahre vergangen sind und der Krieg längst vorbei ist, macht Hochverrat noch lange nicht zu einem weniger schändlichen Verbrechen.« Ich machte mir nicht die Mühe, meine Stimme zu dämpfen. »Was den Drink betrifft, Ravallo, kann ich mir den immer noch selbst bestellen.«

Irgend etwas stimmte ganz und gar nicht – ich brauchte Zeit, um nachzudenken. Ich drehte mich um und bahnte mir einen Weg durch das Gedränge an der Bar.

Ravallo packte mich am Arm. Er war erstaunlich kräftig.

»Genau wie in Civitavecchia, was, Mac?« zischte er mich an. »Immer noch dieselben Geschworenen, derselbe Richter und dasselbe Exekutionskommando. Ist es nicht so?«

»Ja«, erwiderte ich ruhig. »Genauso ist es.«

»Und ich bin der Verurteilte?«

»Dann möchte ich dich um einen letzten Gefallen bitten.« Seine Stimme war inzwischen extrem leise. »Das steht mir zu.«

Irgend etwas an ihm – seine Stimme, seine Augen, seine verzweifelte Aufrichtigkeit – packte mich. Nicht einmal Spencer Tracy hätte das so gut hingekriegt. Zum erstenmal überkamen mich Zweifel.

Langsam folgte ich ihm zurück an seinen Tisch und nahm Platz. Die neugierige Menge verflüchtigte sich allmählich.

»Gut, ich höre.«

»Nicht einmal das mußt du, Mac«, erklärte er lächelnd. »Lies das hier.«

Sorgfältig legte er zwei Schriftstücke vor mir auf den Tisch und strich sie behutsam glatt. Nach kurzem Zögern ergriff ich das erste.

Es handelte sich um eine Kopie eines Dokuments aus dem Archiv der US-Navy. Es war im Pentagon erstellt worden und hatte folgenden Inhalt:

Signalgast Georges Passière, Dienstnummer P/JX 282131.

Am 16. Mai 1944 wurde an einem Strand, vierzehn Meilen südlich von Civitavecchia, eine Leiche, gekleidet in eine Tropenuniform der Royal Navy, aufgefunden.

Sie wurde aufgrund ihrer Erkennungsmarke als obiger Signalgast identifiziert.

Unter dem Futter seiner Gürteltasche versteckt wurde in einer wasserdichten Schutzhülle eine Liste von dreißig Sende- und Empfangsfrequenzen entdeckt: UKW (Ultrakurzwelle), hauptsächlich Nahbereich. Sechs davon konnten positiv als die Frequenzen deutscher Empfangsstationen identifiziert werden; Rest unbekannt.

Langsam, ganz langsam legte ich das Blatt Papier auf den Tisch zurück. Nur ganz verschwommen wurde ich mir des Obers bewußt, der mit einem Tablett mit Gläsern neben mir stand. Automatisch, fast ohne hinzusehen, griff ich mit der einen Hand nach einem Glas, während ich in der anderen weiter das Schriftstück hielt.

Deutscher Geheimdienst.

Akten der deutschen Spionageabwehr, beschlagnahmt in Turin.

Dechiffriert in Neapel, Oktober 1944.

Luigi Metastasio; geb. Rom, 1919.

(Dann folgte ein kurzer Abriß über Metastasios schulische Laufbahn, seinen Beruf, seine faschistische Indoktrination, seinen Militärdienst und seine Ausbildung zum Agenten.) Spricht fließend Französisch, Deutsch und Englisch; im April 1940 in Frankreich eingeschmuggelt, im August 1940 im von Deutschland besetzten Frankreich, von dort nach Fecamp und mit einem Fischerboot nach England. Im Mai 1941 in Portsmouth als qualifizierter Funker zum Militärdienst eingezogen.

Der Rest war unwichtig, und den Inhalt der letzten Zeile wußte ich bereits, bevor ich sie las.

Angenommener Name – Georges Passière.

Diesen Bericht legte ich auf das andere Schriftstück, um dann eine Weile wie hypnotisiert darauf zu starren. Ich sagte nichts; ich hätte auch nichts sagen können. Mein Hirn war vollkommen leer von Gedanken, als wäre mein Verstand plötzlich stehengeblieben. Ich fühlte mich niedergeschlagen, leer, elend – und rettungslos durcheinander.

Doch Nicky ließ Gnade walten. Erst hörte ich seine Stimme kaum.

»Verdammt schlau eingefädelt, Mac. Das sind

eben die Vorteile eines Nahbereichsenders.« Er lachte kurz. »Selbstverständlich konnten die Deutschen die Funkdurchsagen unserer Agenten nicht abfangen – ebensowenig, wie wir Passières Funksprüche im Nahbereich abhören konnten, die vermutlich auf der Stelle an die deutschen und italienischen Abhörposten weitergeleitet wurden. Die bis auf den letzten Mann niedergemachten Partisanen, das Massaker an dem Bataillon aus Rangers und Commandos, die Festnahme unserer Agenten, die Warnung in Passero – das alles geht auf das Konto unseres Freundes Passière.«

»Und... und Stella?« Ich hatte Mühe, die Worte hervorzubringen. Mein Verstand begann allmählich wieder zu arbeiten, und die unerbittliche Erkenntnis dessen, was ich da vor vielen Jahren angerichtet hatte, traf mich wie ein Hammerschlag.

Meine Stimme ein ungläubiges Wispern, beantwortete ich meine eigene Frage.

»Passière! So haben sie also Stella geschnappt, Nicky. Genauso muß es gewesen sein. Passière! Ich, *ich* habe Passière ins Vertrauen gezogen. Nicky – *ich habe ihm alles gesagt*!«

»Ja«, murmelte Nicky ruhig. »Das habe ich mir fast gedacht. Als er wußte, daß sie erledigt war und ihm von keinerlei Nutzen mehr sein würde, hat er sie natürlich ans Messer geliefert; das war doch nur logisch, oder nicht?«

Vermutlich hörte Nicky an diesem Punkt nicht zu reden auf. Vermutlich sprach er noch weiter. Ich weiß es jedenfalls nicht. Ich weiß nur, daß seine

Stimme, ruhig und gemessen und freundlich, in meinen Ohren einfach erstarb. Ich konnte Nicky einfach nicht mehr länger hören, geschweige denn, daß ich gewagt hätte, ihn anzusehen. Mir war klar, daß ich mich entschuldigen hätte sollen, irgend etwas sagen, daß ich mir das nie verzeihen könnte – aber ebenso klar war mir auch, daß dies mit Worten nicht wieder gutzumachen war.

»*Ich* habe sie ans Messer geliefert. Ich habe sie den Wölfen zum Fraß vorgeworfen«, stieß ich wie betäubt hervor. »Das war einzig und allein *ich*. Niemand anderer außer mir, Nicky, nur ich. Nur ich allein.« Ich vergrub mein Gesicht in meinen Händen.

Obwohl ich spürte, daß mindestens hundert Augenpaare auf mir ruhten, kümmerte ich mich nicht darum. In der Hotelbar war es sehr still geworden. Die Sekunden – jede eine Ewigkeit voller Selbstvorwürfe, Bitternis und Verzweiflung – verstrichen mit entsetzlicher Langsamkeit. Langsam, zermürbend langsam.

Mit einem Mal – ich war wie versteinert – legte sich ein Paar zarter Hände sanft über meine Augen, und eine vertraute Stimme, vor Rührung etwas belegt, flüsterte voller Mitgefühl:

»Genug ist genug, Nicky. Hallo, Mac, wie geht's?«

Für vier oder fünf benebelte, sich drehende, ungläubige Sekunden saß ich reglos da. Dann sprang ich auf, wirbelte herum, wobei ich mehrere Gläser unter lautem Klirren vom Tisch fegte – die vornehmen Gäste des Savoy bekamen an diesem Abend eindeutig etwas zu sehen für ihr Geld – und sah mich Stella gegenüber.

Stella! Für einen Augenblick verschlug es mir die Sprache. Ich stand nur da und schaute – ja, schaute sie an. Sie stand vor mir, mit ihren dunklen Haaren, bezaubernd und lächelnd wie eh und je, ganz die alte Stella aus den Tagen in Malta – nur standen jetzt Tränen in ihren Augen.

Und dann packte ich sie. Ich drückte sie so fest an mich, bis sie um Gnade flehte. Schließlich küßte ich sie.

Dem Publikum auf den Rängen war nichts entgangen. Sie waren voll dabei, und das war ihr Stichwort gewesen. Wir setzten uns unter tosendem Applaus wieder an unseren Tisch.

»Sie haben dich also doch nicht geschnappt?« fragte ich, noch ganz benommen von dem Schock.

»Weshalb hätten sie auch?« entgegnete sie lächelnd.

»Passière hat ihre Durchsage verfälscht«, fiel Nicky erklärend ein. »Sie hat nie einen Notruf an uns durchgegeben, und es gab auch keinen Panzerwagen. Er muß den Empfangsschalter ausgeschaltet haben, als er aufgesprungen ist. Er hatte wohl gehofft, wir würden ihr folgen, und dann hätte er seinen Leuten Bescheid gesagt, damit sie uns alle miteinander hätten fertigmachen können. Nur ist es dann etwas anders gekommen. Du bist an Bord zurückgekommen, und dann ist dieser Bursche in seiner Heinkel aufgetaucht, bevor ihr noch etwas unternehmen konntet.«

»Als Nicky mich schließlich in jener Nacht aufgespürt hatte«, fuhr nun Stella mit der Erzählung fort, »erzählte er mir, was geschehen war – daß F149 versenkt worden war. Ich habe vielleicht geheult, stimmt's, Nicky? Die ganze Nacht habe ich geheult wie ein Schloßhund. Ich bin schon eine alte Heulsuse, nicht gerade wie man sich eine gute Spionin vorstellt.« Sie betupfte ihre Augen mit einem zierlichen Spitzentaschentuch.

Ich lächelte und wandte mich wieder Nicky zu.

»Demnach hast du dich also nach dem Krieg an Stella rangemacht, stimmt's?«

Er grinste. »Tja, in gewisser Weise könnte man es wohl so nennen.«

Ich sah auf die Ringe an ihrer linken Hand.

»Und dann«, fuhr ich leicht säuerlich fort, »habt ihr also geheiratet?«

»Nein, nicht ganz richtig«, lächelte Stella. »Verheiratet waren wir schon die ganze Zeit über – oder genauer, seit 1938.«

Mehr konnte mein Nervensystem nicht mehr verkraften. Ich hatte meine psychischen Abwehrmechanismen bereits zur Genüge beansprucht. Ich saß wie betäubt da und war mir nur bewußt, daß mein Gesicht knallrot angelaufen war.

»Tut mir leid, Mac«, gestand mir nun Nicky. »Aber ich konnte dir das unmöglich sagen. Wenn irgend jemand davon gewußt hätte – das gilt für unsere Seite ebenso wie für die andere –, wären wir nicht mehr zu gebrauchen gewesen. Wir hätten eine Bedrohung für unsere eigenen Leute dargestellt. Ich habe dir ja oft genug gesagt, Mac, das Risiko wäre zu groß gewesen.«

Langsam kam alles wieder in mir hoch. Mit einem Mal konnte ich alles ganz deutlich vor mir sehen und begriff gleichzeitig nicht mehr, wie ich damals so blind hatte sein können.

Die übertriebene Beiläufigkeit und Gleichgültigkeit, mit der sie miteinander umgegangen waren. Das ständige Gezanke, das jedoch nicht das geringste an ihrer uneingeschränkten Loyalität dem jeweils anderen gegenüber und ihrem absoluten Vertrauen in den anderen geändert hatte – wie sehr hatte das alles doch an das Verhalten eines Ehepaares erinnert, dachte ich ärgerlich. Und dann Nickys seltsames Verhalten, als ich ihm gegenüber angedeutet hatte, ich könnte mich in sie verlieben (die Erinnerung daran ließ mich peinlich berührt zusammenzucken). Sein Ärger, als ich mich hinsichtlich ihrer Spionagetätigkeit etwas abfällig geäußert hatte. Ihr verstohlenes Händchenhalten. Sein zunehmend sich verschlechterndes und besorgtes Aussehen – mein Gott, was wäre wohl in mir vor sich gegangen, wenn *meine* Frau in dieser Lage gewesen wäre! Und schließlich seine verzweifelte Entschlossenheit, sie zu retten – womit er selbstverständlich striktest gegen jegliche Geheimdienstvorschriften verstieß, und dies auch noch, wie er zum damaligen Zeitpunkt hatte denken müssen, in der Gewißheit seiner Gefangennahme oder seines sicheren Todes.

Wortlos schob ich meinen Stuhl zurück und erhob mich langsam. Mein Bein bog sich nach hinten, und dann trat ich mich selbst, mit voller Absicht und mit großer Zielgenauigkeit.

Auf den Rängen, bis auf den letzten Platz von Premierenbesuchern besetzt, die ihre Sache wirklich verstanden, ertönte rauschender Beifall. Und als ich mich wieder setzte, wurde mir bewußt, daß die ungezügelte Begeisterung des Publikums keineswegs nur mir galt.

Lachen und Tränen und Liebe gehen immer Hand in Hand. Stella und Nicky küßten sich nämlich gerade mit einem höchst unbritischen Mangel an Zurückhaltung. Jedenfalls sahen sie in aller Augen wie ein Paar frisch Verliebter aus.

Was sie ja, zumindest für mich, auch tatsächlich waren.

Die *Jervis Bay*

Das zweite Kriegsjahr, das düsterste und bedrohlichste Jahr, welches Großbritannien je erlebt hatte, neigte sich unaufhaltsam seinem düsteren und bedrohlichen Ende entgegen. Man schrieb November 1940, und dahinter lagen die langen, schmerzlichen Monate der Leiden, Entbehrungen und vernichtenden Niederlagen, des Verlustes der letzten Verbündeten auf dem europäischen Kontinent, der rücksichtslosen Zerstörung unserer Städte und Tausender ihrer Bewohner, der unablässigen, ständig drohenden Gefahr einer Invasion durch einen grausamen und erbarmungslosen Feind, der sich mit nichts Geringerem zufriedenzugeben gewillt war als mit der völligen Auslöschung Großbritanniens als Staat und Nation.

Zugegebenermaßen gehörte die vernichtende Niederlage der Vergangenheit an, einer sehr jungen Vergangenheit allerdings: Hitlers unbezwingbare Panzerdivisionen hatten die Briten aus Europa vertrieben, und die Überlebenden, welche sich zu dem verlassenen Küstenstreifen um Dünkirchen durchschlagen hatten können, waren wie durch ein Wunder im letzten Augenblick der endgültigen Vernichtung entronnen. Auch der Zusammenbruch Frankreichs war eine schon lange feststehende Tatsache. Zumindest blieb den Briten jedoch noch die eine und letzte Genugtuung, zu wissen, wo sie standen – ganz allein.

Aber die Schlacht um England tobte noch immer. Nacht um Nacht dröhnten die schweren Luftwaffenbomber während der immer länger werdenden Stunden der Dunkelheit von Oktober und November in Geschwadern von mindestens zweihundert Maschinen über die englischen Häfen und Großstädte hinweg, um ihre tödliche Last ohne Unterschied über Hafenanlagen, Fabriken und Wohnviertel zu entladen – meistens jedoch über Wohngegenden. Und die drohende Invasion, der Beginn der lange erwarteten Operation ›Seelöwe‹ gegen die Küsten Großbritanniens hing wie ein Damoklesschwert über der britischen Nation und drohte sich jeden Augenblick mit tödlichem Zugriff auf die Häupter der Bevölkerung herabzusenken. In dieser schweren Stunde befand sich Großbritannien genau in der Lage einer belagerten Festung, hinter deren Mauern sich die zerschlagenen Überreste ihrer Armee zurückgezogen haben, um hier nun hinter verriegelten Toren den entscheidenden Ansturm des Feindes abzuwarten. Belagerte Festungen können nun allerdings ohne weiteres fallen, und sie neigen dazu um so mehr, wenn Angst und Verzweiflung den Überlebenswillen untergraben oder wenn ein ständiger Zermürbungskrieg die Verteidiger aufreibt, so daß jeglicher Widerstand mehr und mehr ein Ding schierer Unmöglichkeit wird; aber vor allen Dingen können die Menschen hinter den Mauern einer solchen Festung unerbittlich ausgehungert werden, bis ihnen keine Wahl mehr bleibt, als zu kapitulieren.

Was ersteren Punkt betraf, bestand keinerlei Anlaß zur Besorgnis. Die Flamme des Widerstandsgeistes brannte heller denn je. Entsprechend Churchills Andeutungen war die britische Bevölkerung zum äußersten entschlossen und hätte ihr Land notfalls auch mit Keulen, Heugabeln und selbstgefertigten Bomben gegen einen feindlichen Angriff verteidigt. Aber der Hunger und der unerbittliche Zermürbungskrieg waren eine andere Sache.

Das Überleben der britischen Nation hing von einer ausreichenden Lebensmittelversorgung ab. Sie benötigte Rohstoffe für die Herstellung von Panzern und Waffen für ihre waffenlosen Streitkräfte; sie brauchte Öl für die Kriegsschiffe, welche vor ihren Küsten Wache hielten, für die Fabriken und Kraftwerke und schließlich für die Herstellung von Treibstoff, um den weiteren Einsatz der Handvoll von Hurricanes und Spitfires zu gewährleisten, welchem den einzigen Schutz gegen die deutsche Luftwaffe darstellten.

Die Lebensmittel, das Öl und viele der lebensnotwendigsten Rohstoffe mußten nun freilich zum größten Teil von außen in die belagerte Festung geschafft werden; und dies wiederum war nur auf einem Wege möglich – über das Meer. Eine Festung ohne Hoffnung auf Erleichterung, war Großbritannien fast zur Gänze von seiner Handelsflotte abhängig, welche die einzige Verbindung zur Außenwelt darstellte. Solche Verbindungen ließen sich allerdings leicht unterbrechen. Das wußten die Deutschen nur zu gut.

Dementsprechend scheuten sie auch keine Mühe,

diese lebenswichtige Verbindung Englands zur Außenwelt abzuschneiden. Sabotageakte in ausländischen Handelshäfen, Bomberangriffe auf See, Schnellboote über Wasser, U-Boote unter Wasser – sie nutzten jede Möglichkeit, die ihnen zu Gebote stand. Aber ihre tödlichste und verheerendste Waffe waren die Kaperschiffe, schwere Kreuzer und Westentaschenkreuzer, die sehr groß, schnell und schwer bestückt waren und lediglich durch ein Schlachtschiff gebremst werden konnten. So ein Kaperschiff, unter den Schiffen eines Geleitzugs losgelassen, war der unvermeidliche Anfang eines erbarmungslosen Gemetzels. So war zum Beispiel die *Hipper* einmal über einen schutzlosen Konvoi hergefallen, um in weniger als einer Stunde elf Handelsschiffe zu versenken.

Und nun, nachdem dem Feind aufgrund der Kapitulation von Frankreich und der Aufgabe von Norwegen mehr als tausend Meilen Atlantikküste als Operationsbasis zur Verfügung standen, und nachdem auch noch die Zeit der eisigen Winterstürme und der langen Winternächte mit ihren fast unbegrenzten Möglichkeiten heranrückte, heimlich in den Atlantik auszubrechen, war die Lage äußerst kritisch. In ihrem Bewegungsspielraum so gut wie gar nicht eingeschränkt, operierten die Kaperschiffe mehr oder weniger, wie es ihnen beliebte; sie konnten ungestraft zuschlagen und die britischen Handelsschiffe versenken.

Dem wäre nicht so gewesen, wären den Briten in angemessener Entfernung zu den jeweiligen Schauplätzen des Geschehens Flottenstützpunkte zur Verfügung gestanden, von denen aus sie die entsprechenden Gegenmaßnahmen hätten ergreifen können; davon war die breite Öffentlichkeit des Landes nicht minder überzeugt als die Admiralität selbst. Der Zugang zu bestimmten Häfen an der Küste Südirlands hätte für die Briten entscheidende Vorteile mit sich gebracht, da sie weit vorgerückte Ausgangspunkte für Operationen in diesem Teil des Atlantiks dargestellt hätten, so daß mit Sicherheit Dutzende von Schiffen und Tausende von Menschenleben von dort aus gerettet werden hätten können. Allerdings zeigte Irland keinerlei Interesse am Schicksal seines Nachbarn (dies gilt selbstverständlich nur auf offizieller Ebene, da ansonsten mit dieser Behauptung Tausenden von irischen Staatsbürgern, die während des Krieges freiwillig in den britischen Streitkräften Dienst taten, bitter Unrecht geschähe) und verweigerte Großbritannien jeglichen Zugang zu irischen Häfen. Nicht nur, daß den Briten in diesen schweren Zeiten keinerlei Hilfe zuteil wurde, zeigte sich die irische Regierung in diesem Punkt auch noch absolut unnachgiebig, obwohl die Deutschen Großbritannien mehr und mehr von der Außenwelt abschnitten und das Inselreich unmittelbar vor dem endgültigen Zusammenbruch stand.

Entsprechend aufgeheizt war Ende des Jahres 1940 in Großbritannien auch die Stimmung gegen seinen Nachbarn Irland. Wie es die Ironie des Schicksals wollte, war es nun jedoch genau ein Ire, Captain Edward Fogarty Fegen, der in dieser verzweifelten

Düsternis eine Fackel der Hoffnung entzünden sollte. Denn gerade dieser irische Kapitän sollte den Beweis erbringen, daß Großbritannien auch ohne Flottenstützpunkte noch eine Überlebenschance hatte und daß ein Geleitzug selbst dem massierten Beschuß eines deutschen Westentaschenkreuzers zu entgehen vermochte – vorausgesetzt selbstverständlich den Fall, daß auch immer ein Mann vom Schlage Captain Fegens zur Stelle war, um für die Sicherheit eines Geleitzugs die Verantwortung zu übernehmen.

Am Abend des 5. November 1940 dampfte Geleitzug HX 84 auf 52°45′ nördlicher Breite, 32°13′ westlicher Länge, also mitten auf dem Atlantik, stetig und ungestört der britischen Heimat entgegen. Der Himmel erstrahlte in wolkenlosem Blau; die Sicht war außergewöhnlich gut; es wehte ein schwacher südöstlicher Wind, und die untergehende Sonne warf ihr golden schimmerndes Lichterband über einen Atlantik, wie man ihn in dieser Ruhe und Friedlichkeit selten antraf.

In neun parallelen Linien zog der Geleitzug gemächlich seinen Zickzackkurs über die unermeßliche Weite des Atlantiks. Insgesamt setzte sich der Konvoi aus siebenunddreißig Schiffen zusammen, darunter elf Tanker, und die Gesamtheit seiner Fracht aus Lebensmitteln, Maschinen und Öl war von unschätzbarem Wert. In Zahlen ausgedrückt betrug er viele Millionen britischer Pfund, wenn sich auch der wahre Wert dieser kostbaren Fracht in Zeiten wie diesen schwerlich durch solche Zahlen wiedergeben ließ. Schließlich hingen an der Sicherheit dieses Transports auch noch unzählige Menschenleben – nicht nur diejenigen der einzelnen Besatzungen an Bord der Schiffe des Geleitzugs, sondern auch das Leben und die Freiheit all derer, welche in der britischen Heimat dem Eintreffen dieser dringendst benötigten Güter fiebernd entgegenharrten.

Unter diesen siebenunddreißig Schiffen gab es ein paar, welche aus dem einen oder anderen Grund die allgemeine Aufmerksamkeit in stärkerem Maße auf sich lenkten als die anderen. Das war zum Beispiel die neuseeländische *Rangitiki*, mit 17 000 Tonnen das größte Schiff des Konvois; oder die *Puck*, welche sich genau am hinteren Ende dieser Skala befand, ein winziger 1000-Tonner, der eigentlich in solchen Gewässern nichts zu suchen hatte; oder die *Cornish City*, das Flaggschiff von Flottenadmiral Maltby. Diese Schiffe, und vielleicht noch ein paar andere, waren es, die im Mittelpunkt des Interesses standen, das mit Sicherheit nicht den beiden Schiffen zuteil wurde, welche in diesen Tagen zu einer Berühmtheit gelangen sollten, die auch im Laufe der Jahre nicht schwinden sollte; es waren dies der Tanker *San Demetrio* aus London und das schwedische Motorschiff *Stureholm* aus Göteburg. Ganz besonders gilt dies jedoch für ein drittes Schiff, das Geleitschiff *Jervis Bay*, das sich an jenem Abend auf stetem Kurs in Richtung Osten und Unsterblichkeit befand.

Die *Jervis Bay*, das einzige bewaffnete Schiff unter den Schiffen des Geleitzugs, fuhr in dessen Mitte.

Weder aufgrund ihres Erscheinungsbildes noch aufgrund ihrer tatsächlichen Bestückung war die *Jervis Bay* dazu ausersehen, unter den anderen Schiffen, für deren Schutz sie eigentlich zuständig war, sonderliches Zutrauen zu erwecken. Sie war zwar keineswegs klein – 14000 Tonnen –, aber was zählt im Krieg schon reine Größe! Angesichts der Umstände zählte nur, daß das Schiff schon einige Jahre auf dem Buckel hatte – es war 1922 erbaut worden – ungepanzert und nur mit einer Handvoll altersschwacher und nicht mehr sehr zielgenauer 15-cm-Geschütze bewaffnet war, die noch einmal doppelt so alt wie das Schiff selbst waren. Als Kriegsschiff betrachtet, war die *Jervis Bay* also so gut wie vollkommen wehrlos – wäre da nicht ihr Kapitän Fogarty Fegen gewesen.

Captain Fegen, ein siebenundvierzig Jahre alter, großer und kräftig gebauter irischer Junggeselle, Sohn eines Admirals, Enkel eines Kapitäns und bereits zweimal für seine Tapferkeit ausgezeichnet, befand sich gerade an seinem gewohnten Platz auf der Brücke, als weit im Norden am deutlich erkennbaren Horizont die Aufbauten eines Schiffs auftauchten. Besagtes Schiff hatte hier nichts zu suchen, weshalb es Fegen auch sofort mit dem Signalscheinwerfer auf der Brücke der *Jervis Bay* anblinkte.

Das fremde Schiff reagierte nicht auf dieses Signal und dampfte weiter mit voller Kraft auf den Geleitzug zu. Auch ein zweites Signal von seiten der *Jervis Bay* blieb unbeantwortet. Und nach dem dritten Versuch erübrigte sich jedes weitere Bemühen um Verständigung. Der Wolf befand sich mitten unter den Schafen.

Es handelte sich um den 10000-Tonnen-Westentaschenkreuzer *Admiral Scheer*, mit seinen dreißig Knoten Höchstgeschwindigkeit ein schwer gepanzertes Kaperschiff, bestückt mit sechs 28-cm-Geschützen von enormer Reichweite und acht 15-cm-Geschützen. Einem Schiff dieser Größenordnung wäre nur durch eine *Nelson*, eine *Rodney* oder eine *Hood* beizukommen gewesen; jedes andere Schiff hätte eigentlich keine Chance gehabt. Die *Admiral Scheer* war ein reißender Wolf, gegen den es für die wehrlosen britischen Handelsschiffe keine Möglichkeit der Gegenwehr gab; sie konnten nur wie hilflose Schafe ihrem unvermeidlichen Tod entgegenharren. Inzwischen war auch der Rumpf des deutschen Westentaschenkreuzers am Horizont zu erkennen, und die Schiffe von HX 84 konnten bereits ganz deutlich erkennen, wie die Strahlen der untergehenden Sonne sich golden in der weißen Gischt seiner enormen Bugwelle brachen, als er mit voller Kraft auf sie zusteuerte.

An Bord der *Jervis Bay* erklang das ›Gefechtsstation‹-Signal, während an ihrer Rahnock die Signalflagge für die restlichen Schiffe des Geleitzugs zum Ausstreuen hochgezogen wurde. Fast gleichzeitig erteilte auf der *Cornish City* Konteradmiral Maltby den Befehl zu einer Notwende nach Steuerbord, weg vom Feind, worauf sich sofort alle Schiffe des Geleitzugs backbords auf die Seite legten und unter dem Deckmantel einer dichten Rauchwand auf Südostkurs gingen.

Alle Schiffe des Geleitzugs – mit Ausnahme von einem. Selbst die dichteste Rauchwand, die je in der Geschichte der Seefahrt gelegt worden war, würde die *Admiral Scheer* nicht an der Durchführung ihres Vorhabens hindern können, kam Captain Fegen voller Bitterkeit zu Bewußtsein. Das deutsche Schiff würde die schützende Rauchwand durchdringen, als existierte sie gar nicht, und die Verfolgung des fliehenden Geleitzugs aufnehmen, um schließlich ein Schiff nach dem anderen auf den Meeresgrund zu schicken. Rauch allein würde nicht genügen, um dem Geleitzug den nötigen zeitlichen Vorsprung zu verschaffen, den er so dringend benötigte, um sich unter dem schützenden Mantel der hereinbrechenden Dunkelheit der Nacht zerstreuen und dem Zugriff des Feindes entziehen zu können... Fegen drehte die *Jervis Bay* nach Backbord und hielt geradewegs auf die *Admiral Scheer* zu.

Noch bevor die *Jervis Bay* auf ihren neuen Kurs gegangen war, eröffnete die *Admiral Scheer*, fest entschlossen, sich durch diese wahnsinnige Geste trotzigen Widerstands ihre Beute nicht entreißen zu lassen, aus ihren 28-cm-Geschützen das Feuer. Einige der Geschosse schlugen auf den Schiffen des Geleitzugs ein. So wurde zum Beispiel die *Rangitiki* eingegabelt, um jedoch dennoch wie durch ein Wunder zu entkommen. Der Tanker *San Demetrio*, bei dieser und späteren Gelegenheiten schwer getroffen, geriet in Brand und wurde von seiner Besatzung verlassen, um dann jedoch später wieder gesichtet und erneut bemannt zu werden und schließlich im Triumph in die Heimat zurückzukehren.

Das Interesse der *Scheer* galt in diesem Augenblick jedoch nicht dem Geleitschutz, sondern ausschließlich dem großen Handelsschiff, das auf Kollisionskurs auf sie zusteuerte. Zwei Salven aus den schweren Geschützen verfehlten das bewaffnete Geleitschiff seitlich und legten schlechtes Zeugnis für die sonst schon fast sprichwörtlich gewordene extreme Treffsicherheit der deutschen Geschützmannschaften ab. Die dritte Salve schlug allerdings voll in den Rumpf der *Jervis Bay* ein.

Auf einen Schlag war also der Fockmast weggeschossen, die Brücke vollkommen zerstört, die Zielvorrichtung beschädigt, die zentrale Feuerleitanlage außer Gefecht gesetzt und die Geschütze selbst bis auf höchst primitiven Handbetrieb funktionsuntauglich gemacht – die Kabel für die Stromzufuhr waren vollkommen durchtrennt worden.

Das Gefecht hatte noch gar nicht richtig begonnen, und doch war die *Jervis Bay* bereits ihrer Kampfkraft beraubt. Kapitän Theodor Krancke an Bord der *Admiral Scheer* wußte, daß er von dem großen Handelsschiff nichts mehr zu befürchten hatte. Er änderte sofort den Kurs, um die Verfolgung des fliehenden Geleitzugs aufzunehmen; doch er mußte feststellen, daß sich ihm erneut ein Hindernis in den Weg stellte – auch die *Jervis Bay* war inzwischen auf Ostkurs gegangen und kam neuerlich auf Kollisionskurs auf das deutsche Schiff zu.

Wütend fiel die *Admiral Scheer* nun über das schwer beschädigte Handelsschiff her, welches ihm so unverschämt den Weg hinter dem sich zurückziehenden Geleitzug versperrte. Nicht nur ein paar Geschosse pfiffen nun über den windstillen, aber eiskalten Atlantik, sondern Salve auf Salve, jedes Projektil dreihundert Kilo hochexplosiven, stahlummantelten Sprengstoffs, schlug nun mit verheerender Treffgenauigkeit auf der *Jervis Bay* ein und richtete auf Deck und in den Aufbauten ein fürchterliches Blutbad und Zerstörungswerk an, wenn die Granaten nicht in das Innere des tödlich getroffenen Schiffs vordrangen und dort unter verheerenden Folgen explodierten. Die Deutschen gaben sich nun nicht mehr damit zufrieden, die Geschütze der *Jervis Bay* zum Verstummen zu bringen und sie auf dem Weg nach Süden zu passieren; inzwischen galt es, das britische Handelsschiff erbarmungslos und so rasch wie möglich zu vernichten.

Aber so leicht ließ sich die *Jervis Bay* nicht unterkriegen. Unglaublicherweise ging sie nicht nur immer noch nicht unter, sondern hielt auch noch mit steter Beharrlichkeit ihren Kurs, der sie direkt auf den deutschen Westentaschenkreuzer zuführte, welcher das wehrlose Handelsschiff nach wie vor unter erbitterten Beschuß nahm. Inzwischen waren über und unter Wasser riesige Löcher in die Backbordbordwand der *Jervis Bay* gerissen worden; die Funkanlage war vollständig zerstört; die Aufbauten und die Brücke hatten unzählige Treffer abbekommen, und das Schiff bekam von Minute zu Minute mehr Schlagseite, da inzwischen die Wassermassen völlig ungehindert durch die klaffenden Risse in ihren Bordwänden eindringen konnten.

Fogarty Fegen harrte immer noch zwischen den zerschossenen Überresten seiner zerfetzten und brennenden Brücke aus. Obwohl der Kapitän bereits während der ersten Minuten des Gefechts tödlich verwundet worden war, blieb er, auf ebenso unerklärliche Weise wie sein Schiff, doch am Leben, um weiter auf den Feind zuhalten zu können.

Fegen hatte sich eine schreckliche Verwundung zugezogen. Durch eine explodierende Granate war sein linker Arm direkt unterhalb der Schulter weggerissen worden, so daß er mit jedem Herzschlag Unmengen von Blut verlor. Der Kapitän der *Jervis Bay* mußte schreckliche Schmerzen erduldet haben, aber er ignorierte sie einfach. Er erteilte seine Befehle nach wie vor mit derselben präzisen Ruhe und Zurückhaltung, durch die er sich schon immer ausgezeichnet hatte, und dies, obwohl er unerbittlich weiter auf den deutschen Westentaschenkreuzer zuhielt und dabei seinen hoffnungslos überalteten Geschützen Zielanweisungen erteilte; deren Reichweite genügte freilich nicht annähernd, um der *Admiral Scheer* gefährlich werden zu können.

Ein weiterer Treffer – und die Verbindung zwischen Brücke und Ruder wurde durchtrennt. Daraufhin erteilte Captain Fegen dem Steuermann Anweisung, unverzüglich in der Notruderanlage Stellung zu beziehen; das Schiff mußte unter allen Umständen weiter auf den deutschen Westentaschenkreuzer zugesteuert werden. Auf der Brücke, wo durch die um sich greifenden Flammen bereits die Bodenplatten unter den Füßen des Kapitäns sich zu wölben begannen, wurde jeglicher Aufenthalt vollends unmöglich. Sich mit seinem unverletzten Arm abstützend, kletterte Fegen die verbogene Stahlleiter hinunter und tastete sich durch den dichten Qualm und die überall hervorzüngelnden Flammen über das Promenadendeck nach achtern, wobei er mit jedem Schritt eine deutlich sichtbare Blutspur über die schwarz verkohlten Decks zog.

Achtern angekommen, war Captain Fegen inzwischen zu schwach, um die dortige Ersatzbrücke einzunehmen; von dem enormen Blutverlust und den schrecklichen Schmerzen, die er, ohne mit der Wimper zu zucken, erduldete, war sein Gesicht mittlerweile totenbleich. Aber er war immer noch der Kapitän, er führte nach wie vor das Kommando, und sein einziger Lebensinhalt bestand nun noch darin, den Abstand zwischen seinem Schiff und der *Admiral Scheer* zu verringern, um kostbare, über Leben und Tod des Geleitzugs entscheidende Sekunden zu gewinnen und diesem vielleicht doch noch ein Entkommen in der inzwischen rasch hereinbrechenden Dämmerung zu ermöglichen.

Sein ganzes Denken auf die Sicherheit des Geleitzugs ausgerichtet, ließ Fegen zusätzliche Rauchbomben auswerfen, um HX 84 den Blicken der *Admiral Scheer* zu entziehen. Außerdem ordnete er an, brennende Korditladungen über Bord zu werfen und die wenigen noch funktionstauglichen Geschütze neu zu bemannen. Doch selbst jetzt vermochten die alten, nutzlosen Geschütze den Feind noch immer nicht zu erreichen.

Noch eine 28-cm-Granate, noch eine und noch eine – inzwischen war auch der Maschinenraum ein Trümmerchaos, die Maschinen zerschossen und tiefer und tiefer in den eindringenden Wassermassen versinkend. Doch Fogarty Fegen sollte das nicht mehr kümmern. Ein mit voller Kraft fahrendes 14000-Tonnen-Schiff verfügt über eine enorme Schubkraft, und ihm war klar, daß diese mehr als genügen würde, sich für die kurze Zeitspanne, die ihm und seinem Schiff noch zu leben vergönnt war, weiterhin der *Admiral Scheer* in den Weg stellen zu können.

Ein ohrenbetäubendes Krachen, eine grell aufzukkende Stichflamme, und die Ersatzbrücke flog in die Luft. Dadurch in keiner Weise beeindruckt, bahnte sich dieser außergewöhnliche Mann, stärker denn je aus seiner Schulter und seinen Kopfverletzungen blutend, im Sterben seinen Weg erneut zu der lichterloh brennenden Brücke vor, die er eben verlassen hatte, und dies in keiner anderen Absicht, als den Kampf, soweit man dies entsetzliche Massaker einen Kampf nennen will, von dort fortzuführen.

Doch er sollte die vollständig zerstörte Brücke nicht mehr erreichen. Irgendwo in dem Flammeninferno auf dem Weg dorthin fiel er einer explodierenden Granate zum Opfer. Captain Fegen muß sofort tot gewesen sein, obwohl er nach medizinischen Gesichtspunkten eigentlich schon längst ein toter Mann hätte sein müssen, bevor diese Granate schließlich den letzten Lebensfaden durchtrennte, an welchen er sich mit solch unglaublicher Tapferkeit und Hartnäckigkeit geklammert hatte.

In dieser einen Stunde eines Novemberabends verdiente sich Fogarty Fegen die posthume Verleihung des Victoria Cross sowie unsterblichen Ruhm, dem nur noch der von Sir Phillip Sydney gleichkommt, einer zweiten Symbolgestalt für unbeugsamen Widerstandswillen und fast übermenschliche Tapferkeit im Angesicht des Todes. Das Victoria Cross und unsterblichen Ruhm – Captain Fegen war wohl an beidem wenig gelegen. Er hatte lediglich seine Pflicht getan. Denn er hatte Kapitän Krancke von der *Admiral Scheer* genau jene entscheidenden Augenblicke geraubt, welche für die meisten Schiffe des Geleitzugs die Rettung bedeuten sollten.

Fegen hatte den Tod gefunden, aber sein Sieg war über jeden Zweifel erhaben. Doch dies gilt nicht nur für Fegen. Jeder Mann unter seinem Kommando hatte mit derselben Tapferkeit wie sein Kapitän gekämpft, bis die Geschütze der *Jervis Bay* endgültig verstummt waren und keine Gegenwehr mehr möglich war. Und die meisten Mitglieder der Besatzung zahlten für ihre Tapferkeit auch denselben Preis wie ihr Kapitän. Von den insgesamt 260 Besatzungsmitgliedern waren zweihundert bereits tot oder zumindest tödlich verwundet.

Mit bedrohlicher Schlagseite, das Heck tief im Wasser, drohte die inzwischen ohne Fahrt im Wasser liegende *Jervis Bay* jeden Augenblick zu sinken, während immer neue Granaten durch den dichten Rauch und die lodernden Flammen einschlugen, welche inzwischen fast die gesamte Länge des Schiffs in eine einzige Feuerhölle verwandelt hatten. Die wenigen, die noch am Leben waren – und es waren nicht viele –, verließen das sinkende Schiff wenige Minuten, bevor es mit dem Heck zuerst unter die Wasseroberfläche tauchte und in seinem Untergang all jene mit sich in die Tiefe riß, welche dem Schiff noch zu nahe waren oder aufgrund ihrer Verletzungen nicht mehr über die Kraft verfügten, sich dem tödlichen Sog der untergehenden *Jervis Bay* zu widersetzen.

Von den wenigen Überlebenden wäre wohl kaum einer noch allzu lange mit dem Leben davongekommen – die *Admiral Scheer* machte keinerlei Anstalten, sie an Bord zu nehmen – hätte nicht Kapitän Sven Olander, der Kommandant des schwedischen Schiffs *Stureholm*, in dem Wissen, was sie den Überlebenden der *Jervis Bay* zu verdanken hatten, in Mißachtung seiner strikten Anweisungen im Dunkel der Nacht kehrtgemacht, um nach den Männern der *Jervis Bay* zu suchen. Dieses mutige Unternehmen kann nicht genügend hervorgehoben werden, da nämlich die *Admiral Scheer*, ihrer schon fast sicheren Beute im letzten Augenblick doch noch beraubt, die ganze Nacht hindurch das in Frage kommende Gebiet absuchte und Leuchtraketen abfeuerte, um doch noch ein paar Schiffe vom Geleitzug HX 84 aufzuspüren. Doch das nicht unerhebliche Risiko, das Kapitän Olander eingegangen war, sollte sich mehr als gerechtfertigt erweisen – die *Stureholm* konnte nicht weniger als fünfundsechzig Überlebende aus den eiskalten Wassern des Atlantik retten.

Ein sinnloses Opfer nannten später viele den Verlust der *Jervis Bay*. Schierer Wahnsinn, eine Nußschale wie die *Jervis Bay* den Kampf gegen einen Westentaschenkreuzer aufnehmen zu lassen; ein Akt sinnlosen und selbstzerstörerischen Trotzes. Zweifellos ist dagegen kaum etwas einzuwenden. Zweifellos kann man dieses Verhalten nur als Wahnsinn bezeichnen, wenn man sich dabei auch gleichzeitig nicht des Gefühls erwehren kann, daß Fegen und seine Männer stolz darauf gewesen wären, zu den Wahnsinnigen dieser Welt gezählt zu werden.

Nicht minder erschiene es höchst unangebracht – um es einmal gelinde auszudrücken –, ein solchermaßen strenges Urteil in Anwesenheit irgendeines Besatzungsmitglieds der Schiffe von Geleitzug HX 84 zu äußern, die nur deshalb unbeschadet die Heimat erreichen konnten, weil sich Fogarty Fegen und die Männer der *Jervis Bay* so unerschrocken der *Admiral Scheer* in den Weg gestellt und den Tod auf sich genommen hatten, auf daß jene mit dem Leben davonkämen.

Alistair MacLean
über die Annehmlichkeiten und Verpflichtungen des Erfolgs

Irgendwann im Jahre 1954 veranstaltete der *Glasgow Herald* einen Kurzgeschichten-Wettbewerb. Ich hatte keinerlei schriftstellerische Ambitionen – das Wort ›literarische Ambitionen‹ will ich in diesem Zusammenhang schon gar nicht in den Mund nehmen, da es eine beträchtliche Anzahl von Personen gibt, die steif und fest behaupten, ich hätte nie literarische Ambitionen gehabt und hätte daran bis zum heutigen Tag festgehalten – und keine Hoffnung.

Der erste Preis von hundert englischen Pfund stellte jedoch damals für mich als einen nicht gerade begüterten jungen Mann einen beträchtlichen Anreiz dar. Ich nahm also an dem Wettbewerb mit einer Geschichte teil, welche den Titel ›*Die Dileas*‹ trug. Ich gewann den ersten Preis, worauf mir Ian Chapman von Collins, dem Verlag, welcher die Geschichte veröffentlichte, nahelegte, einen Roman zu schreiben. Zu jedermanns Überraschung erscheinen meine Bücher noch heute, nach siebenundzwanzig Jahren, bei Collins.

Während dieser siebenundzwanzig Jahre habe ich siebenundzwanzig Bücher, vierzehn Theaterstücke und zahllose Zeitschriften- und Zeitungsartikel geschrieben – eine Tätigkeit, welche es mir nach wie vor ermöglicht, auf durchaus angemessene Weise meinen Lebensunterhalt zu verdienen. Man hat mich als ›Erfolgsautor‹ bezeichnet, wobei dieser Begriff allerdings mit Vorsicht zu genießen ist.

Denn Erfolg läßt sich nicht anhand quantitativer Maßstäbe messen. Einige der ›erfolgreichsten‹ Bücher, Zeitschriften und Zeitungen der Verlagsgeschichte spotten jeder Beschreibung, sollte jemand den Versuch unternehmen, die Tiefen zu schildern, zu denen sie sich herabgelassen haben. Mögen große und bahnbrechende neue Erkenntnisse nicht gerade meine Stärke sein, so ist das mit Sicherheit auch nicht das Appellieren an niedere Instinkte.

Es ist schwer zu sagen, welche Wirkung jemandes Bücher gehabt haben, in welchem Maß sie als Erfolg oder Mißerfolg zu bezeichnen sind. Versuchen wir uns doch nur einmal die Reaktionen jener Herren vorzustellen, welche über das durchaus in Frage zu stellende Privileg verfügten, dem Auswahlausschuß des *Glasgow Herald* anzugehören, als die im Zuge des Wettbewerbs eingereichten Kurzgeschichten beurteilt werden sollten.

Einige von ihnen mögen eine gewisse Befriedigung verspürt haben, über die weise Voraussicht oder den Riecher verfügt zu haben, einen Autor auszuzeichnen, der sich nicht als kurzes Strohfeuer entpuppen sollte – es gibt schließlich genug Schriftsteller, die ein erfolgreiches Werk veröffentlichen, um dann für immer in der Versenkung zu verschwinden. Andere Mitglieder der Jury mögen nichts als absolute Gleichgültigkeit verspürt haben. Und wieder andere mögen mit ihren sprichwörtlichen Zähnen geknirscht und den Tag verflucht haben, an dem sie einem Autor zum Erfolg verholfen haben, dessen Stil ihrer Meinung nach in keiner Weise den hohen Ansprüchen gerecht wird, wie sie von Schottlands führender Tageszeitung selbst propagiert werden. Meiner Kenntnis wird sich diese Frage jedenfalls für immer entziehen.

Nicht minder schwer zu beurteilen ist die Wirkung auf die Leserschaft. Ich habe ein paar Bücher geschrieben, von denen ich gehofft hatte, sie würden als bedeutungsvoll und relevant erachtet werden, aber die Reaktion meiner Leser ließ für mich außer Zweifel, daß ich in diesem Glauben offensichtlich vollkommen allein dastand. Ich hätte mir wohl doch Sam Goldwyns Bonmot etwas besser zu Herzen nehmen sollen, demzufolge man die Übermittlung von Botschaften lieber der Post überlassen sollte.

Jedenfalls habe ich mich seitdem auf etwas konzentriert, was ich als reine Unterhaltung betrachtete, obgleich ich feststellen mußte, daß meine Vorstellungen von dem, was Unterhaltung ist, von denen anderer nicht selten erheblich abwichen.

Ich bekomme relativ viel Leserpost, deren Grundtenor eher zustimmend ist. Natürlich bin ich mir durchaus der Tatsache bewußt, daß sich daraus keineswegs auf eine generelle Zustimmung meiner Leserschaft meinen Werken gegenüber schließen läßt. Im Grunde genommen bin ich ein wenig umstrittener Autor, und Leute, die schon fast gewohnheitsmäßig ihre Entrüstung über bestimmte literarische Zeiterscheinungen glauben bekunden zu müssen, zählen nicht gerade in erster Linie zu den Lesern meiner Bücher, und wenn doch, erachten sie deren Inhalt nicht einmal eines herablassenden Kommentars für würdig.

Dagegen bin ich mir natürlich hinsichtlich der Auswirkung meiner schriftstellerischen Tätigkeit auf mich persönlich durchaus bewußt, wenn auch selbst hier, wie ich mir sehr wohl im klaren bin, ausreichend Gelegenheit zu grober Fehleinschätzung gegeben ist. Zu den wesentlichsten Vorteilen eines Lebens als freier Schriftsteller zählt wohl der Umstand, daß einem dieser Broterwerb ein hohes Maß an Unabhängigkeit und Freiheit läßt, wobei diese Freiheit auf keinen Fall als eine Freiheit von jeglicher Verantwortung fehlgedeutet werden darf.

Selbstverständlich muß ich nicht um neun Uhr vormittags zu arbeiten beginnen, und ich tue das auch nicht – in der Regel setze ich mich nämlich zwischen sechs und sieben Uhr morgens an den Schreibtisch. Und obwohl ich nicht selten sieben Tage die Woche arbeite, arbeite ich wiederum nicht alle zweiundfünfzig Wochen im Jahr.

Ich befinde mich in der äußerst glücklichen Lage, mir von keinem Menschen sagen lassen zu müssen, was ich zu tun habe. Aber natürlich ist niemand vollkommen unabhängig. So bin ich zum Beispiel meinem Verlag gegenüber verantwortlich.

Verlage sind keineswegs, wie häufig behauptet wird, eine Ansammlung von Gaunern, Dieben und intellektuellen Kriminellen, die von ihrem Geschick zehren, sich gegen ein lächerlich geringes Entgelt die

Begabung einiger weniger fantasiebegabter Leute zunutze zu machen, die etwas vermögen, wozu sie selbst, die Verleger, absolut nicht imstande sind – nämlich ein paar Worte so aneinanderzureihen, daß sie einen Sinn ergeben. Einige Verlage werden von Leuten geleitet, deren lautere Absichten vollkommen außer Zweifel stehen. Zu diesen gehört auch mein Verlag.

In gewissem Maße, wenn auch nicht allzu stark, fühle ich mich auch den Lektoren gegenüber verantwortlich. Das Wörterbuch definiert einen Lektor als eine Person, welche einen Text für eine Veröffentlichung bearbeitet, indem sie ihn überarbeitet, umstellt, verändert und zusammenstreicht. Ich fühle mich inzwischen hinreichend in der Lage, diese Aufgaben der Änderung und Kürzung selbst zu übernehmen, bevor ich einen Text dem Herausgeber vorlege, wobei ich dessen Rat und Zuspruch, je nach Person, in keinem Fall missen möchte.

Keinerlei Verantwortlichkeit verspüre ich dagegen Kritikern gegenüber. Die erste Kritik, die ich je gelesen habe, galt meinem ersten Roman, *H.M.S. Ulysses*. Sie nahm ganze zwei Seiten in einer inzwischen eingestellten schottischen Zeitung ein und war mit einer Zeichnung des von Flammen umzüngelten Schutzumschlags des Buchs unter der Überschrift ›Verbrennt dieses Buch‹ illustriert. Ich hatte mit diesem Roman der Royal Navy die höchste nur erdenkliche Anerkennung gezollt, während dieser Hohlkopf den Roman doch tatsächlich als eine einzige Miesmacherei gelesen hatte.

Das war also die erste sogenannte Buchbespre-chung, die ich je gelesen habe; und es sollte auch die letzte sein. Ich fürchte fast, daß ich die Kritiker von Romanen in einen Topf mit den grauen Eminenzen werfe, welche die sattsam bekannten Kurse ›zur För-derung Ihrer schriftstellerischen Begabung‹ leiten und veranstalten. Am meisten Bewunderung ver-dient wohl ihre Unverfrorenheit, mit der sie sich das Recht herausnehmen, über eine Sache zu dozieren und zu urteilen, deren sie selbst vollkommen unfä-hig sind.

Am tiefsten stehe ich jedoch in der Schuld derjeni-gen, die meine Bücher kaufen und lesen und es mir damit ermöglichen, das Leben zu führen, das ich führe. Zudem erteilen sie mir nie gute Ratschläge, wie und was ich zu schreiben habe, wenn man ein-mal davon absieht, daß sie mich immer wieder gerne auf Stellen hinweisen, wo mir in der Wiedergabe von Fakten Irrtümer unterlaufen sind. Und dafür bin ich höchst dankbar.

Eine der Hauptannehmlichkeiten dieser unabhän-gigen Lebensweise ist die Möglichkeit, nach Lust und Laune zu reisen. Ich reise nicht, um meinen Ho-rizont zu erweitern oder um für meine Bücher zu re-cherchieren. Ich war zwar in der Arktis, in der Ägäis, in Indonesien, Alaska, Kalifornien, Jugoslawien, Holland, Brasilien und noch einer Reihe anderer Länder und habe über sie geschrieben, aber ich hatte in keinem Fall die Absicht, über diese spezielle Um-gebung zu schreiben, bis ich nicht dort gewesen war. Umgekehrt war ich in so verschiedenen Ländern wie

Mexiko und China, Peru und Kaschmir, wobei ich jedoch kaum glaube, daß ich je darüber schreiben werde.

Was meine Pläne für die Zukunft betrifft, habe ich keinerlei feste Vorstellungen. Jedenfalls spiele ich von Zeit zu Zeit mit dem leicht sehnsuchtsvollen Gedanken, wie mir Mister Chapman immer wieder so schön vor Augen hält, daß ich mich eines Tages doch noch aufraffen könnte, ein gutes Buch zu schreiben. Das halte ich keineswegs für vollkommen ausgeschlossen, denn ich beabsichtige noch keineswegs, mich zur Ruhe zu setzen, wie ungern dies auch all jene Literaturkritiker hören mögen, deren Ergüsse ich nie gelesen habe.

DIE TITEL
DER ENGLISCHEN ORIGINALAUSGABE:

Die *Lancastria*/Lancastria

McCrimmon und die blauen Mondsteine/McCrimmon and the Blue Moonstones

Sie säubern die Meere/They Sweep the Seas

Die *City of Benares*/City of Benares

Die Golduhr/The Gold Watch

Das Rendezvous/Rendezvous

Die *Jervis Bay*/The Jervis Bay

Alistair MacLean über die Annehmlichkeiten und Verpflichtungen des Erfolgs/Alistair MacLean on the ›Rewards and Responsibilities of Success‹